IONTAS 1
CÚRSA GAEILGE DON CHÉAD BHLIAIN

YVONNE O'TOOLE ★ ELIZABETH WADE

An Comhlacht Oideachais

An Chéad Chló 2012
An Comhlacht Oideachais
Bóthar Bhaile an Aird
Baile Uailcín
Baile Átha Cliath 12
www.edco.ie

Ball den Smurfit Kappa ctp

ISBN 978-1-84536-529-5

Tháinig an páipéar a úsáideach sa leabhar seo ó fhoraoisí rialaithe i dtuaisceart na hEorpa. In aghaidh gach crann a leagtar, cuirtear crann amháin eile ar a laghad.

Clúdach:	Graham Thew
Grianghraf clúdaigh:	Grianghraf © kycstudio, a úsáidtear faoi cheadúnas ón iStock.com
Dearadh agus clóchur:	Outburst
Eagarthóir:	Adam Brophy
Léitheoir profaí:	Dorothy Ní Uigín, Clíona Ní Bhréartúin
Obair ealaíne:	Roger Fereday, Brett Hudson, Helmut Kollars, Robin Lawrie, Maria Murray, Kate Shannon
Grianghraif:	Alamy, Caitríona Burke, Corbis, Rita Doolan, Edel Fox, Gael Linn – Niamh de Búrca, Getty, Inpho Photography, iStock, Róisín Nolan, Liam O'Connor, Photocall, Rex Features, © RTÉ Stills Library, Shutterstock, TG4
Cainteoirí:	Con Ó Tuama, Caoimhe Ní Áinle, Ciarán Ó Fearraigh, Marcus Lamb, Moya Uí Mhaonaile, Saffron Rosenstock, Tristan Rosenstock, Nessa Ní Thuama
Innealtóir fuaime:	Gar Duffy

Cóipcheart

Gabhaimid buíochas leo seo a leanas a thug cead dúinn ábhar dá gcuid a úsáid sa leabhar seo: Ainm Music as 'Maggie in the Wood', Yvonne Carroll, Éamonn Ó Faogáin as 'An Iomáint', Edel Fox as 'Fling/Reel: Kitty got a Clinking Coming from the Fair/The Victory', Fionnuala Gill as 'Mo Ghile Mear', Séamus Ó Maonaigh as 'Glee', Póilín Ní Náirigh, Róisín Uí Nuallán, Arlen House as 'Dóchas' le Cathal Ó Searcaigh, Con Ó Tuama as 'Bogha'.

Rinne na foilsitheoirí a ndícheall teacht ar úinéirí cóipchirt; beidh siad sásta na gnáthshocruithe a dhéanamh le haon duine eile acu a dhéanann teagmháil leo.

06J16

Réamhrá

Is téacsleabhar bríomhar, spreagúil, nua-aimseartha é **Iontas 1** atá dírithe ar dhaltaí sa chéad bhliain.

Cuirtear béim faoi leith ar labhairt na teanga sa leabhar seo.

Is í aidhm an leabhair seo na daltaí a spreagadh chun an Ghaeilge a fhoghlaim agus a labhairt sa rang agus taobh amuigh den rang.

Múintear scileanna scríofa, léitheoireachta agus cluastuisceana i ngach aonad den leabhar.

Bainfidh na daltaí idir thairbhe agus thaitneamh as an stíl nua-aimseartha idirghníomhach.

Cé go múintear gramadach na Gaeilge agus scileanna cluastuisceana tríd an leabhar, tá aonaid speisialta le ceachtanna éagsúla gramadaí agus cluastuisceana ar fáil sa leabhar freisin.

Tá réimse leathan scéalta béaloidis, dánta, amhrán agus seanfhocal sa leabhar a thabharfaidh deis don mhúinteoir sos a ghlacadh ó ghnáthobair scoile.

Tá súil againn go mbainfidh sibh an-sult as **Iontas 1** a úsáid sa chéad bhliain.

Yvonne O'Toole agus Elizabeth Wade

Tiomnaím an leabhar seo do m'fhear céile John agus do m'iníonacha Maria agus Claire.

Yvonne O'Toole

Online Teacher's Resources

With this edition of *Iontas 1*, we provide an online teacher's e-book version of the text. Embedded in this e-book is a range of additional resources designed to support your work in the classroom.

Online Teacher's Resources

Gain access to *Iontas 1* **Interactive Textbook** online, plus free digital resources including:

- **Audio CDs** and scripts
- **Weblinks**
- Online version of Teacher Resource Pack

All resources are **embedded in the Interactive Textbook** helping you to deliver stimulating lessons in your classroom, in an **easy-to-use, hassle-free way.**

Register Now!
www.edcodigital.ie

You can find all resources on **www. edcodigital.ie**, our online teacher centre, which hosts a wide range of our textbooks, additional resources and partner resources for onscreen use by teachers.

Edco Resources

Here are some of the features included with the online e-book:

 Allows you to view the entire textbook page by page, skip to a certain page or use the contents to jump to a chapter.

Toolbar: The moveable onscreen toolbar, as above, contains tools to write, zoom, add text, create links, add notes and lots more.

Your Resources: You can upload documents, images and weblinks, which are stored in the easily searched file manager, unique to each e-book. Other tools like the blank page, save and bookmark tool allow teachers to tailor each book to suit their own needs. These resources will help you to build a bank of your own personal resources, to support your lessons.

www.edcodigital.ie

Na Siombailí

 Cabhair!

 Sampla

 Le foghlaim!

 Meaitseáil

 Labhair amach … labhair os ard!

 Fógra

 Cleachtadh ag scríobh

 Cárta poist

 Léamhthuiscint

 Litir

 Cluastuiscint

 Cluiche

 Scrúdú cainte gearr

 Craic sa rang!

 Cúinne na gramadaí

 Obair ealaíne

 Cúinne na gramadaí

 Súil siar

Clár

1 Aonad a hAon

Mé Féin agus Mo Theaghlach

Mol an óige agus tiocfaidh sí.

Haigh!

Haigh, is mise Máiréad agus seo é mo chara Jeaic.

Dia daoibh, Rory McIlroy is ainm domsa.

Is mise Síle Seoige.

Haigh, is mise Leona agus seo í mo dheirfiúr Lisa.

Jonathan an t-ainm atá orm.

Dia dhaoibh, is mise Christina.

Haigh, Robert is ainm dom.

Cén t-ainm atá ort?

Labhair amach ... labhair os ard!

Seas suas agus inis don rang cén t-ainm atá ort.

**Seoirse Ó Gormáin
is ainm domsa.**

**Bríd Ní Chonghaile
an t-ainm atá orm.**

Is mise Cian Ó Tuama.

Cleachtadh ag scríobh

Freagair na ceisteanna thíos.

Ceist
Cén t-ainm atá ar do chara sa rang?
Freagra
Niall an t-ainm atá ar mo chara sa rang.

Cén t-ainm atá ar do chara sa rang? _____

Cén t-ainm atá ar do mhúinteoir Gaeilge? _____

Cén t-ainm atá ar do phríomhoide nua? _____

Cén t-ainm atá ar do Mham nó do Dhaid? _____

Cén t-ainm atá ar do dheirfiúr? _____

Cén t-ainm atá ar do dhearthair? _____

Léigh amach na freagraí ar na ceisteanna thuas don rang.

Cúinne na Gramadaí

Le foghlaim! Forainmneacha réamhfhoclacha

Ar

orm
ort
air
uirthi
orainn
oraibh
orthu

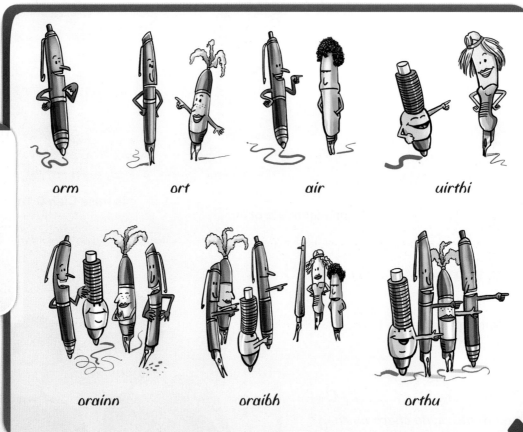

orm   ort   air   uirthi

orainn   oraibh   orthu

Léigh na ceisteanna agus na freagraí thíos.

Cén t-ainm atá **ort**?	Áine an t-ainm atá **orm**.
Cén t-ainm atá **air**?	Dónall an t-ainm atá **air**.
Cén t-ainm atá **uirthi**?	Niamh an t-ainm atá **uirthi**.
Cén t-ainm atá **orainn**?	Rang a trí an t-ainm atá **orainn**.
Cén t-ainm atá **oraibh**?	Rang a dó an t-ainm atá **oraibh**.
Cén t-ainm atá **orthu**?	Rang a ceathair an t-ainm atá **orthu**.

Téigh chuig Aonad 10, leathanach 280, chun níos mó oibre a dhéanamh ar na forainmneacha réamhfhoclacha.

 Téigh go dtí edco.ie/iontas1 chun idirghníomhaíochtaí a dhéanamh.

Déan cur síos ort féin

Cén dath atá ar do chuid gruaige? Cén dath atá ar do shúile?

 Cabhair!

gruaig dhubh	black hair	**gruaig rua**	auburn hair
gruaig fhionn	blonde hair	**gruaig dhonn**	brown hair
gruaig liath	grey hair	**maol**	bald

Is mise Clár, tá dath donn ar mo chuid gruaige.

Clár is ainm dom. Tá gruaig dhonn orm.

Maidhc an t-ainm atá orm. Tá gruaig dhubh orm agus tá dath donn ar mo shúile.

Is mise Maidhc. Tá dath dubh ar mo chuid gruaige agus tá súile donna agam.

 # Cúinne na Gramadaí

 Le foghlaim! Forainmneacha réamhfhoclacha

Ag
agam
agat
aige
aici
againn
agaibh
acu

agam

agat

aige

aici

againn

agaibh

acu

Cleachtadh ag scríobh

Téigh siar ar na forainmneacha réamhfhoclacha agus ansin líon na bearnaí thíos.

(a) Tá gruaig rua (ar mé) _____ agus tá gruaig dhubh ar mo chara.

(b) Tá gruaig dhubh (ar sí) _____ agus tá sí go hálainn.

(c) Tá súile gorma (ag sé) _____ agus tá gruaig dhonn (ar é) _____.

(d) Tá gruaig fhionn (ar sinn) _____ agus tá súile gorma (ag sinn) _____.

(e) Tá súile donna (ag siad) _____ agus tá gruaig dhonn (ar siad) _____.

Labhair amach ... labhair os ard!

Cuir na ceisteanna thíos ar na daltaí sa rang.

❶ *Cén dath atá ar do chuid gruaige?*
❷ *Cén dath atá ar do shúile?*

Craic sa rang!

Caithfidh gach dalta na ceisteanna thuas a chur ar bheirt
daltaí sa rang. Ansin caithfidh siad an t-eolas a thabhairt don rang. Léigh an sampla thíos.

*Seo í Aoife. Tá gruaig dhonn
uirthi agus tá súile gorma aici.*

*Seo é Brian. Tá súile gorma
aige agus tá gruaig fhionn air.*

Le foghlaim!

súile donna
súile gorma
súile dubha
súile glasa

• Cén dath atá ar shúile do charad?
• Cén dath atá ar shúile Justin Beiber?

Déan cur síos ar do chuid gruaige

Le foghlaim!

gruaig chatach	curly hair	**gruaig fhada**	long hair
féasóg	beard	**gruaig dhíreach**	straight hair
maol	bald	**gruaig ildaite**	multi-coloured hair
gruaig ghearr	short hair	**croiméal**	moustache
gruaig spíceach	spiky hair	**frainse**	fringe
bricíní	freckles	**spéaclaí**	glasses

Cleachtadh ag scríobh

Téigh siar ar na forainmneacha réamhfhoclacha agus ansin líon na bearnaí thíos.

❶ Seán is _____ dom.

❷ Tá gruaig _____ _____ orm.

❸ Tá súile donna _____.

ghearr, ainm, agam, chatach, dhubh

❶ Seona is _____ dom.

❷ Tá gruaig _____ _____ _____ orm.

❸ Tá dath _____ ar mo shúile.

❶ Antaine an t-ainm atá _____.

❷ Tá gruaig _____ _____ orm.

❸ Tá súile donna _____.

❹ Tá _____ agam freisin.

Cad iad na dathanna thíos? Le foghlaim!

 Meaitseáil

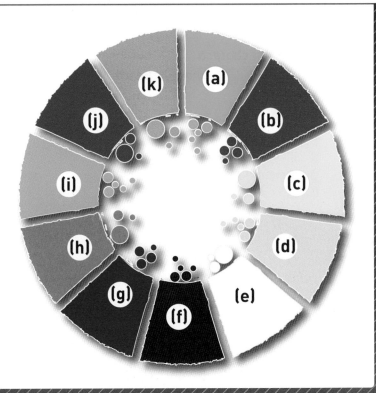

oráiste	buí	bándearg
glas	dúghorm	dearg
liath	dubh	bán
gorm	corcra	

An maith leat?
Le foghlaim!

is maith liom	I like	**is aoibhinn liom**	I love
is fuath liom	I hate	**ní maith liom**	I don't like
is breá liom	I love	**taitníonn sé liom**	I like it

 Cleachtadh ag scríobh

❶ An maith leat obair bhaile?_____

❷ An maith leat do scoil nua?_____

❸ Cén dath is fearr leat?_____

❹ An bhfuil aon dath nach maith leat?_____

Aimsigh an cailín nó an buachaill

❶ Is mise Siobhán. Tá gruaig fhada fhionn orm. Tá dath gorm ar mo shúile.

❷ Is mise Cormac. Tá dath donn ar mo shúile agus tá gruaig ghearr dhubh orm. Caithim spéaclaí.

(a)

(b)

(c)

(d)

(e)

(f)

(g)

(h)

Déan cur síos ar na déagóirí go léir thuas os ard sa rang.

Obair ealaíne

Tarraing bogha báistí agus líon na dathanna. Tarraing croca óir ag bun an bhogha bháistí. Croch na pictiúir ar na ballaí sa seomra ranga.

Ceol agus Cultúr

❶ Léigh an scéal faoin mbogha báistí agus an leipreachán ar leathanach 171.

❷ Léigh an dán faoin mbogha báistí ar leathanach 177.

Mo theaghlach

Le foghlaim!

athair	father
daid	dad
máthair	mother
mam	mum
deartháir	brother
deirfiúr	sister
leasdeartháir	step brother
leasdeirfiúr	step sister
deartháireacha	brothers
deirfiúracha	sisters

Cleachtadh ag scríobh

❶ **Líon na bearnaí san alt thíos.**

Is mise Leo. Tá gruaig ghearr _____ orm. Dath donn atá ar mo _____. Is aoibhinn liom spórt agus ceol. Áine an t-ainm atá ar mo _____. Tá gruaig fhada fhionn uirthi. Níl aon _____ agam. Daithí an t-ainm atá ar mo Dhaid agus Nuala an _____ atá ar mo Mham.

t-ainm, dhonn, dheirfiúr, shúile, deartháir

Le foghlaim!

aintín	aunt	**uncail**	uncle
col ceathrar	cousin	**daideo**	grandad
mamó	granny	**tuismitheoir**	parent
scartha	separated	**colscartha**	divorced

❷ **Líon na bearnaí san alt thíos.**

Haigh! Eimear anseo. Gach seachtain tugaim cuairt ar mo Mhamó agus mo _____. Tá siad ina gcónaí faoin tuath le _____ agus m'uncail. Buailim le mo chol ceathrar agus caithim tamall ag imirt cispheile leis. Téann mo _____ chun cuairt a thabhairt orthu gach Céadaoin agus _____.

thusimitheoirí, Dhaideo, Aoine, m'aintín

Cúinne na Gramadaí

Téigh chuig leathanach 266 chun níos mó oibre a dhéanamh ar an aidiacht shealbhach.

Le foghlaim!
An Aidiacht Shealbhach 1 – Roimh Chonsan

Uimhir Uatha	Uimhir Iolra
mo – my	ár – our
do – your	bhur – your (plural)
a – his/her	a – their

Uimhir Uatha	Uimhir Iolra
mo + séimhiú	ár + urú
do + séimhiú	bhur + urú
a (his) + séimhiú	a (their) + urú
a (her) ní chuireann tú aon rud isteach	

Sampla

	Urú Roimh Ainmfhocal			
mo thuismitheoirí				
do thuismitheoirí	g → c		d → t	
a thuismitheoirí	m → b		n → g	
a tuismitheoirí	bh → f		n → d	
ár dtuismitheoirí				
bhur dtuismitheoirí				
a dtuismitheoirí				

Cleachtadh ag scríobh

1. Bhí (mo deirfiúr) _____ tinn inné.
2. Bhí (a tuismitheoirí) _____ crosta léi nuair a léigh siad an litir ón bpríomhoide.
3. Ghoid an gadaí (ár carr) _____ agus bhí an-bhrón orainn.
4. Ar oscail tú (do mála) _____ scoile ar maidin?
5. Chuir sé (a cóta) _____ i seomra na gcótaí ar maidin.

Téigh go dtí edco.ie/iontas1 chun idirghníomhaíochtaí a dhéanamh.

Le foghlaim!
An Aidiacht Shealbhach 2 – Roimh Ghuta

Téigh chuig leathanach 266 chun níos mó oibre a dhéanamh ar an aidiacht shealbhach.

Uimhir Uatha

| m' | **my** |
| d' | **your** |
| a (**his**) ní chuireann tú aon rud isteach |
| a (**her**) + 'h' |

Uimhir Iolra

ár + urú	**our**
bhur + urú	**you (plural)**
a + urú	**their**

 Samplaí

m'aintín	*my aunt*
d'aintín	*your aunt*
a aintín	*his aunt*
a haintín	*her aunt*
ár n-aintín	*our aunt*
bhur n-aintín	*your aunt (plural)*
a n-aintín	*their aunt*

 ## Cleachtadh ag scríobh

❶ Máirtín an t-ainm atá ar (mo uncail) _____.

❷ Máirín an t-ainm atá ar (mo aintín) _____.

❸ D'ith an cailín (a úll) _____ ar maidin.

❹ Chuaigh mo Dhaid chuig (a oifig) _____ inniu.

❺ Tháinig (ár athair) _____ abhaile go luath.

Na huimhreacha pearsanta

Le foghlaim! Ag comhaireamh daoine

Cé mhéad duine atá i do theaghlach?

Tá triúr i mo theaghlach ... Tá ceathrar i mo theaghlach ... Tá seisear i mo theaghlach ...

duine		seisear	
beirt		seachtar	
triúr		ochtar	
ceathrar		naonúr	
cúigear		deichniúr	

Labhair amach ... labhair os ard!

1. Inis don rang cé mhéad duine atá i do theaghlach.
2. Inis don rang cé mhéad duine atá i dteaghlach do charad.

Sampla

Tá seachtar i mo theaghlach agus tá ceathrar i dteaghlach mo charad.

Lean ar aghaidh timpeall an ranga...

Cleachtadh ag scríobh

Líon na bearnaí thíos.

1. Tá (7) _____ i mo theaghlach.
2. Tá (5) _____ i mo theaghlach.
3. Tá (9) _____ i mo theaghlach.
4. Tá (3) _____ i mo theaghlach.
5. Tá (8) _____ i mo theaghlach.

Cén aois thú?

Le foghlaim!

aon **bhliain** d'aois	1 year old	aon **bhliain** déag d'aois	11 years old
dhá **bhliain** d'aois	2 years old	dhá **bhliain** déag d'aois	12 years old
trí **bliana** d'aois	3 years old	trí **bliana** déag d'aois	13 years old
ceithre **bliana** d'aois	4 years old	ceithre **bliana** déag d'aois	14 years old
cúig **bliana** d'aois	5 years old	cúig **bliana** déag d'aois	15 years old
sé **bliana** d'aois	6 years old	sé **bliana** déag d'aois	16 years old
seacht **mbliana** d'aois	7 years old	seacht **mbliana** déag d'aois	17 years old
ocht **mbliana** d'aois	8 years old	ocht **mbliana** déag d'aois	18 years old
naoi **mbliana** d'aois	9 years old	naoi **mbliana** déag d'aois	19 years old
deich **mbliana** d'aois	10 years old		

Cleachtadh ag scríobh

Líon na bearnaí thíos.

❶ Tá mé (13) _____
agus tá mo dheartháir (12) _____
_____.

❷ Tá mo chol ceathrar (17)
_____.

❸ Bhí breithlá ag mo dheirfiúr inné, tá sí (2)
_____.

❹ Tá buachaill i mo rang (14)
_____.

❺ Tá buachaill sa bhunscoil (5)
_____.

 Téigh go dtí edco.ie/iontas1 chun idirghníomhaíochtaí a dhéanamh.

Labhair amach ... labhair os ard!

❶ Inis don rang cén aois thú.
❷ Inis don rang cén aois é/í do dheartháir nó do dheirfiúr.

Ag comhaireamh arís!

fiche **bliain** d'aois	20 years old
bliain is fiche	21 years old
dhá **bhliain** is fiche	22 years old
trí **bliana** is fiche	23 years old
ceithre **bliana** is fiche	24 years old
cúig **bliana** is fiche	25 years old
sé **bliana** is fiche	26 years old
seacht **mbliana** is fiche	27 years old
ocht **mbliana** is fiche	28 years old
naoi **mbliana** is fiche	29 years old

Le foghlaim!

fiche	**20**	seasca	**60**
tríocha	**30**	seachtó	**70**
daichead	**40**	ochtó	**80**
caoga	**50**	nócha	**90**

Cleachtadh ag scríobh

Líon na bearnaí thíos.

Beidh cóisir i mo theach ag an deireadh seachtaine. Beidh mo dhearthair (24) _____. Tá dearthair eile agam, Seán is ainm dó. Tá Seán (32) _____. Is é Jeaic an cara is fearr atá ag Seán. Tá Jeaic (30) _____ _____. Is mise an páiste is óige sa teaghlach. Tá mé (14) _____ _____. Tá deirfiúr amháin agam agus tá sí (20) _____.

Cluiche
Imir cluiche biongó sa rang.

15

Aidiachtaí
Cén saghas duine tú?

**Labhair amach ...
labhair os ard!**

Le foghlaim!

sona	happy	**leisciúil**	lazy
beomhar	lively	**foighneach**	patient
cainteach	chatty	**mífhoighneach**	impatient
cancrach	cranky	**cairdiúil**	friendly
ceolmhar	musical	**taitneamhach**	pleasant
neamhspleách	independent	**cabhrach**	helpful

Is cailín sona mé	*I am a happy girl*	*Tá mé sona*	*I am happy*
Is buachaill spórtúil mé	*I am a sporty boy*	*Tá mé spórtúil*	*I am sporty*
Is duine ceolmhar mé	*I am a musical person*	*Tá mé ceolmhar*	*I am musical*

Labhair amach ... labhair os ard!

Téigh timpeall an ranga agus cuir an cheist thíos ar na daltaí.
Cén saghas duine tú? *Is duine* _____ *mé nó*
Tá mé _____ .

Cleachtadh ag scríobh
Cuir Gaeilge ar na habairtí thíos.

I am a lively girl _____   I am lively _____

I am a chatty boy _____   I am chatty _____

I am a friendly person _____   I am friendly _____

I am a cranky boy _____   I am cranky _____

Téigh go dtí edco.ie/iontas1 chun idirghníomhaíochtaí a dhéanamh.

Léamhthuiscint

Léigh an t-alt thíos agus freagair na ceisteanna a ghabhann leis.

Haigh! Is mise Leo. Is buachaill cainteach, cairdiúil mé. Bhí mo bhreithlá ann an tseachtain seo caite agus cheannaigh mo thuismitheoirí fón póca nua dom. Tá mé trí bliana déag d'aois anois. Tháinig mo chairde chuig mo theach do mo bhreithlá agus d'fhéachamar ar scannán. Bhí oíche iontach againn. Tá cúigear againn sa bhaile. Tá deartháir amháin agam atá níos sine ná mé, Matt is ainm dó. Tá sé seacht mbliana déag d'aois agus is aoibhinn leis peil agus iománaíocht. Tá mo dheirfiúr Lísa níos óige ná mé. Tá sí aon bhliain déag d'aois agus tá sí i rang a cúig sa bhunscoil. Tá mé ag tnúth go mór leis an samhradh seo chugainn. Beidh mé ag dul go dtí an Ghaeltacht le mo chairde, Maidhc agus Dónall.

❶ **Freagair na ceisteanna thíos.**
a) Cén aois é Leo?
b) Céard a cheannaigh a thuismitheoirí dó dá bhreithlá?
c) Cé mhéad páiste atá sa teaghlach?
d) Ainmnigh spórt amháin a thaitníonn le Matt.
e) Cá mbeidh Leo ag dul an samhradh seo chugainn?

❷ **Líon na bearnaí thíos.**
a) Leo is ainm dom. Is buachaill cainteach, _____ mé.
b) Tháinig mo chairde chuig mo theach do mo bhreithlá agus d'fhéachamar ar _____.
c) Tá deartháir amháin agam atá níos _____ ná mé.
d) Tá mo dheirfiúr Lísa níos _____ ná mé.
e) Tá mé ag tnúth go mór leis an _____ seo chugainn.

❸ **Fíor nó bréagach?**

	Fíor	Bréagach
a) Tá Leo trí bliana déag d'aois.	☐	☐
b) Tháinig a chairde chuig an teach agus d'fhéach siad ar chluiche peile.	☐	☐
c) Tá Leo i lár na clainne.	☐	☐
d) Maidhc an t-ainm atá ar a dheartháir.	☐	☐
e) Beidh Leo ag dul chuig an nGaeltacht an samhradh seo chugainn.	☐	☐

Cúinne na Gramadaí
Céimeanna Comparáide na nAidiachtaí

Téigh chuig leathanach 276 chun níos mó oibre a dhéanamh ar na haidiachtaí.

Le foghlaim!

| óg | young | **níos óige** | younger | **is óige** | youngest |
| sean | old | **níos sine** | older | **is sine** | oldest |

Samplaí

*Is mise an páiste is **óige** sa teaghlach.*
*Is é Seán an páiste is **sine** sa teaghlach.*

Labhair amach ... labhair os ard!

An tusa an páiste is óige nó is sine sa teaghlach?
Tá mé i lár na clainne.
Is páiste aonair mé.

Is mise an páiste is óige sa teaghlach.
I am in the middle of the family.
I am an only child.

Le foghlaim! Níos mó aidiachtaí

beag	small	**níos lú**	smaller	**is lú**	smallest
deas	nice	**níos deise**	nicer	**is deise**	nicest
ard	tall	**níos airde**	taller	**Is airde**	tallest

Cleachtadh ag scríobh

❶ Is mise an buachaill is (ard) _____ sa rang.
❷ Is mise an cailín is (beag) _____ sa rang.
❸ Is mise an páiste is (sean) _____ sa rang
❹ Is mise an páiste is (óg) _____ sa rang.

Léamhthuiscint

Léigh an t-alt thíos agus freagair na ceisteanna a ghabhann leis.

Is mise Siobhán. Tá mé dhá bhliain déag d'aois. Tá dath donn ar mo shúile agus tá gruaig dhubh orm. Tá mé ard agus spórtúil. Is mise an cailín is airde sa rang. Tá deartháir amháin agam. Eoin is ainm dó. Tá Eoin níos óige ná mé. Tá sé ocht mbliana d'aois. Caitlín an t-ainm atá ar mo Mham agus Daithí an t-ainm atá ar mo Dhaid. Tá mo Dhaid foighneach agus cairdiúil. Réitím go maith le gach duine sa teaghlach.

Ceisteanna

❶ Cén aois í Siobhán?
❷ Cén dath atá ar a cuid gruaige?
❸ Cén saghas cailín í Siobhán?
❹ Cén aois é Eoin?
❺ Ainmnigh a Daid.

 Cabhair!

réitím go maith le	I get on well with

 Le foghlaim! Foirmeacha ceisteacha

Cén aois?	What age?	**Ainmnigh**	Name
Cén t-ainm?	What name?	**Cén saghas duine?**	What type of person?
Cá?	Where?	**Cé mhéad?**	How much?
Cén dath?	What colour?	**Cathain?**	When?

 Labhair amach … labhair os ard!

Déan cur síos ort féin don rang agus ansin scríobh alt fút féin i do chóipleabhar. Ná déan dearmad ar na pointí seo:

aois	deartháir/deirfiúr	gruaig	súile
cén saghas duine tú?	tuismitheoirí	is óige/is sine	ard/beag

Cluastuiscint CD 1 Rian 1–4

Éist go cúramach leis na giotaí cainte ar an dlúthdhiosca, agus ansin freagair na ceisteanna seo thíos. Cloisfidh tú gach giota dhá uair.

Bronagh

Mír 1 – Bronagh Ní Bhriain

1 Cén aois í Bronagh?

2 Cén dath atá ar a cuid gruaige?

3 Cén dath is fearr léi?

4 Cén t-ainm atá ar a Mam?

Mír 2 – Éanna Ó Ruairc

1 Cén saghas duine é Éanna?

2 Cá dtéann sé gach Aoine?

3 Cén spórt a imríonn sé lena chol ceathrar?

4 Cén aois í Síle?

Éanna

Téigh chuig leathanach 194 chun níos mó obair chluastuisceana a dhéanamh.

Scrúdú cainte gearr

Éist leis an dlúthdhiosca – CD 1 Rian 41. Déan an scrúdú cainte gearr thíos agus ansin scríobh na freagraí i do chóipleabhar.

1 Cad is ainm duit? _____

2 Cén aois tú? _____

3 Cén dath atá ar do shúile? _____

4 Cén dath atá ar do chuid gruaige? _____

5 Cén saghas duine tú? _____

6 Cé mhéad duine atá i do theaghlach? _____

7 Ainmnigh na deartháireacha nó na deirfiúracha atá agat. _____

8 Cé hé an duine is sine agus an duine is óige sa teaghlach? _____

9 Ainmnigh do thuismitheoirí. _____

10 An réitíonn tú go maith le gach duine sa teaghlach? _____

Léamhthuiscint Kim Kardashian

Léigh an t-alt thíos agus freagair na ceisteanna a ghabhann leis.

Tá clú agus cáil bainte amach ag Kim Kardashian ar fud an domhain. Is cailín dathúil, cainteach í agus tá sí le feiceáil ar an gclár teilifíse *Keeping up with the Kardashians*. Rugadh í i Meiriceá ar an 21 Deireadh Fómhair 1980. Tá deartháir amháin agus beirt deirfiúracha aici. Is í Kourtney an páiste is sine sa teaghlach. Rugadh í sa bhliain 1979. Tá a deirfiúr Khloe i lár na clainne agus is é Robert an páiste is óige sa teaghlach. Scar a tuismitheoirí Kris agus Robert nuair a bhí Kim deich mbliana d'aois agus phós a Mam Bruce Jenner sa bhliain 1991. Fuair a Daid Robert bás sa bhliain 2003.

Tá gruaig dhubh fhada ar Kim agus tá súile donna aici. Caitheann sí a lán ama ag siopadóireacht lena deirfiúracha agus ag taisteal timpeall an domhain. Phós sí Kris Humphries i bhfómhar na bliana 2011 ach scar siad tar éis cúpla seachtain.

❶ Ceisteanna

a) Cá bhfuil Kim Kardashian le feiceáil?
b) Cathain a rugadh Kim?
c) Cé mhéad deirfiúracha atá aici?
d) Cén t-ainm atá ar a deartháir?
e) Cén dath atá ar a cuid gruaige?
f) Cathain a phós Kim?

Cabhair!

clú agus cáil	fame
scar siad	they separated
ag taisteal	travelling

❷ Líon isteach na bearnaí.

a) Rugadh Kim Kardashian i _____.
b) _____ a tuismitheoirí nuair a bhí sí deich mbliana d'aois.
c) Is í Kourtney an páiste is _____ sa teaghlach.
d) _____ a Mam Bruce Jenner sa bhliain 1991.
e) Tá súile _____ ag Kim Kardashian.
f) Caitheann sí a lán ama ag _____.

donna, sine, siopadóireacht, Meiriceá, phós, scar

Labhair amach ... labhair os ard!

Déan cur síos ar an bpictiúr seo sa rang.

Cleachtadh ag scríobh

Féach ar an bpictiúr seo agus freagair na ceisteanna sa rang.

❶ Cé mhéad duine atá sa phictiúr?
_____

❷ Cé mhéad páiste atá sa phictiúr?
_____

❸ Cén aois é an cailín? (i do thuairim)
_____

❹ Cén aois é an buachaill? (i do thuairim)_____

❺ Cén saghas gruaige atá ar Mham?
_____

❻ Cén saghas gruaige atá ar Dhaid?
_____

❼ Cén saghas duine í Mamó? (i do thuairim) _____

❽ Cén saghas duine é Daideo? (i do thuairim) _____

Alt le scríobh

Bain úsáid as na focail sa bhosca thíos chun alt a scríobh faoi do theaghlach i do chóipleabhar. Léigh an t-alt os ard don rang.

deartháir	deirfiúr	tuismitheoirí	mamó	daideo
aintín	uncail	cúpla	dubh	donn
fionn	liath	gorm	féasóg	maol
gruaig ghearr	gruaig dhíreach	gruaig fhada	sona	cancrach
neamhspleách	col ceathrar	cairdiúil	cabhrach	ceolmhar
spórtúil	cainteach	leisciúil	taitneamhach	dhá bhliain déag d'aois
trí bliana d'aois	beirt	triúr	ceathrar	cúigear
seisear	seachtar	ochtar	naonúr	deichniúr

Súil siar ar Aonad a hAon – A

❶ Meaitseáil na focail i mBéarla agus i nGaeilge thíos.

1. foighneach	(a) sporty
2. sona	(b) patient
3. mífhoighneach	(c) independent
4. cainteach	(d) lazy
5. spórtúil	(e) helpful
6. cabhrach	(f) chatty
7. neamhspleách	(g) happy
8. leisciúil	(h) impatient

1	2	3	4	5	6	7	8

❷ Líon na bearnaí thíos.

Cian is ainm dom. Tá mé (13)

_____.

Tá (4) _____ i mo theaghlach. Tá

_____ amháin agam, Shauna is ainm di. Tá Shauna

(16) _____. Is mise an páiste

is _____ sa teaghlach. Is í Shauna an páiste

is _____ sa teaghlach.

❸ Cuir Gaeilge ar na habairtí thíos.

a) Seán is my name. _____.

b) I am twelve years old. _____.

c) There are five in my family._____

d) I have one brother. _____.

e) I am chatty and sporty. _____.

❹ Meaitseáil na focail agus na dathanna thíos.

a) gorm   **b)** glas   **c)** dubh   **d)** donn   **e)** corcra

❺ Scríobh alt gearr i do chóipleabhar ar na hábhair thíos.

a) Mé féin

b) Mo theaghlach

c) Mo chara

23

Súil siar ar Aonad a hAon – B

Léamhthuiscint Caitríona

Léigh an t-alt thíos agus freagair na ceisteanna a ghabhann leis.

Is mise Caitríona. Tá an-áthas orm inniu! Tá mo chara Niamh ag teacht chuig mo theach don deireadh seachtaine. Tá Niamh trí bliana déag d'aois agus is cailín spórtúil, cairdiúil í. Tá dath donn ar a cuid gruaige agus tá súile gorma aici. Réitímid go han-mhaith le chéile. Tagann Niamh chuig mo theach gach Satharn agus téimid amach le chéile.

An deireadh seachtaine seo caite chuamar chuig an gclub leadóige le chéile. Bhí an-spórt againn. Ina dhiaidh sin chuamar isteach sa chathair agus bhuaileamar lenár gcairde scoile.

Tá beirt deartháireacha ag Niamh. Eoin agus Pádraig is ainm dóibh. Is cúpla iad. Tá siad ocht mbliana d'aois agus tá siad i rang a dó sa bhunscoil. Deir Niamh go ndéanann a deartháireacha a lán torainn timpeall an tí.

Caitríona

❶ **Freagair na ceisteanna thíos.**
   a) Cén fáth a bhfuil áthas ar Chaitríona?
   b) Cén saghas cailín í Niamh?
   c) Cén dath atá ar a súile?
   d) Cá ndeachaigh Caitríona agus Niamh an deireadh seachtaine seo caite?
   e) Cén aois iad Eoin agus Pádraig?

Cabhair!

deireadh seachtaine	weekend
club leadóige	tennis club
a lán torainn	a lot of noise

❷ **Líon na bearnaí thíos.**
   a) Tá dath _____ ar a cuid gruaige agus tá súile _____ aici.
   b) Tagann Niamh chuig mo theach gach _____ agus téimid amach le chéile.
   c) Chuamar isteach sa chathair agus bhuaileamar lenár gcairde _____.
   d) Tá beirt _____ ag Niamh.
   e) Déanann a deartháireacha a lán _____ timpeall an tí.

❸ **Féach ar an alt thuas agus críochnaigh na habairtí thíos.**
   a) Tá Niamh trí bliana déag d'aois_____.
   b) Réitímid go _____.
   c) Tagann Niamh chuig mo theach gach _____.
   d) An deireadh seachtaine seo caite chuamar _____.
   e) Tá siad ocht mbliana _____.

2 Aonad a Dó

Mo Shaol ar Scoil

Tús maith, leath na hoibre.

Cá bhfuil tú ag dul ar scoil? Cén saghas scoile í?

Le foghlaim!

pobalscoil	community school	**meánscoil**	secondary school
scoil chónaithe	boarding school	**gaelscoil**	Irish school
scoil chuimsitheach	comprehensive school	**clochar**	convent

Cleachtadh ag scríobh

Siobhán

Séamus

Is mise Siobhán. Táim sa chéad bhliain sa mheánscoil. Is aoibhinn liom an scoil mar tá a lán cairde agam inti.

❶ Cá bhfuil Siobhán ag dul ar scoil?
❷ An maith léi an scoil?
❸ Cén fáth?

Séamus an t-ainm atá orm. Tá mé ag freastal ar Choláiste Phádraig. Is pobalscoil í. Tá na múinteoirí foighneach agus cairdiúil. Ní thugann siad a lán obair bhaile dúinn.

❶ Cén saghas scoile í Coláiste Phádraig?
❷ Cad a cheapann Séamus faoi na múinteoirí?
❸ An dtugann na múinteoirí a lán obair bhaile do na daltaí?

Mo thuairim faoin scoil

Le foghlaim!

Is scoil iontach í	It is a wonderful school	**Is aoibhinn liom an scoil**	I love the school
Bíonn an-chraic againn inti	We have great fun there	**Tá atmaisféar maith inti**	There is a good atmosphere in it
Taitníonn an scoil go mór liom	I really like the school	**Is maith liom an scoil**	I like the school
Níl na múinteoirí ródhian	The teachers are not too tough	**Is scoil bheag í**	It is a small school
		Faighimid a lán obair bhaile	We get a lot of homework

Labhair amach ... labhair os ard!

Déan cur síos ar do scoil don rang.

Léamhthuiscint

Léigh an t-alt thíos agus freagair na
ceisteanna a ghabhann leis.

Éadaoin agus a cairde

Éadaoin agus a cairde!

Is mise Éadaoin agus seo iad mo chairde. Táimid ag
freastal ar Phobalscoil an Chnoic. Is scoil mhór í an scoil
seo. Tá atmaisféar maith sa scoil agus níl na múinteoirí
ródhian ar na daltaí. Bíonn an-chraic againn ar scoil.
Faighimid a lán obair bhaile gach lá. Ní maith linn obair
bhaile.

Tá ár gcara Eoin ag freastal ar Mheánscoil Mhuire sa
chathair. Is aoibhinn leis an scoil. Tá caoga dalta sa chéad
bhliain agus faigheann na daltaí leathlá gach Céadaoin.
Buailimid go léir le chéile gach deireadh seachtaine.

Ceisteanna

1 Cén saghas scoile í Pobalscoil an Chnoic?

_____

2 An bhfuil na múinteoirí dian ar na daltaí?

_____

3 Céard a fhaigheann siad ar scoil gach lá?

_____

4 An maith leo obair bhaile?

_____

5 Cathain a fhaigheann na daltaí i Meánscoil Mhuire leathlá?

_____

Le foghlaim!

Cum abairtí os ard sa rang leis na focail thíos.

príomhoide	principal	**leas-phríomhoide**	deputy principal
rúnaí	secretary	**múinteoirí**	teachers
an iomarca obair bhaile	too much homework	**dian**	hard
crosta	cross	**breis obair bhaile**	extra homework

Léamhthuiscint

Léigh an t-alt thíos agus freagair na ceisteanna a ghabhann leis.

Gearóid Ó Nualláin

Gearóid anseo! Freastalaím ar Mheánscoil Naomh Iosaif. Níl mé róshásta ar scoil. Tugann na múinteoirí an iomarca obair bhaile dúinn gach lá. Tá an príomhoide an-dian ar na daltaí agus éiríonn na múinteoirí an-chrosta go minic. Thug an múinteoir Gaeilge breis obair bhaile dom inné mar bhí mé ag caint sa rang!

Ceisteanna

1 Cá bhfuil Gearóid ag dul ar scoil?_____

2 Cén fáth nach bhfuil sé róshásta ar scoil?_____

3 An bhfuil an príomhoide dian ar na daltaí?_____

4 Cén fáth ar thug an múinteoir breis obair bhaile dó?_____

Briathra san Aimsir Láithreach

Le foghlaim!

Cum abairtí leis na briathra thíos.

Cabhair!

breis obair bhaile extra homework

freastalaím	I attend	**téim**	I go
déanaim	I do	**siúlaim**	I walk
tosaíonn	I start	**rothaím**	I cycle
léim	I read	**buailim le**	I meet with

Meaitseáil

Meaitseáil na habairtí i nGaeilge agus i mBéarla thíos.

1. **Freastalaím** ar Mheánscoil Mhuire.

2. **Táim** sa chéad bhliain anois.

3. Gach maidin **siúlaim** ar scoil le mo chairde.

4. **Rothaíonn** mo chara Pól ar scoil.

5. **Buailim le** mo dheirfiúr ag am lóin.

6. **Déanaim** a lán obair bhaile gach oíche.

a) I do a lot of homework every night.

b) Every morning I walk to school with my friends.

c) My friend Pól cycles to school.

d) I attend St Mary's Secondary School.

e) I meet my sister at lunch time.

f) I am in first year now.

1	2	3	4	5	6

Níos mó aidiachtaí

Le foghlaim!

Téigh siar ar na haidiachtaí a d'fhoghlaim tú in Aonad a hAon. Iarr ar na daltaí abairtí a chumadh.

Is fear **foighneach** é an múinteoir Gaeilge

Is múinteoir **iontach** é an múinteoir Béarla

Is duine **cabhrach** í an múinteoir mata

Is fear **mífhoighneach** é an príomhoide

Is bean **dheas** í an rúnaí

Is fear **cancrach** é an leas-phríomhoide

Téigh chuig leathanach 212 chun níos mó oibre a dhéanamh ar na briathra san Aimsir Láithreach.

Téigh go dtí edco.ie/iontas1 chun idirghníomhaíochtaí a dhéanamh.

Cúinne na Gramadaí

Le foghlaim! Ag comhaireamh

❶ Cé mhéad dalta atá ag freastal ar an scoil seo?
❷ Cé mhéad múinteoir atá ag múineadh sa scoil seo?

céad dalta	100 students	sé chéad dalta	600 students
dhá chéad dalta	200 students	seacht gcéad dalta	700 students
trí chéad dalta	300 students	ocht gcéad dalta	800 students
ceithre chéad dalta	400 students	naoi gcéad dalta	900 students
cúig chéad dalta	500 students	míle dalta	1,000 students

Labhair amach ... labhair os ard!

Samplaí

❶ Cé mhéad dalta atá i do scoil?
❷ Cé mhéad múinteoir a mhúineann sa scoil?
❸ Cé mhéad dalta atá i do rang?

*Tá **daichead a cúig** múinteoir ag múineadh sa scoil.*
*Tá **trí chéad caoga** dalta ag freastal ar an scoil.*
*Tá **tríocha** dalta sa rang.*

Téigh siar ar na huimhreacha in Aonad a hAon, leathanaigh 13 agus 15.

Léamhthuiscint Brenda

Is mise Brenda. Táim ag freastal ar Phobalscoil Íosa. Tá míle dalta ag freastal ar an scoil seo agus tá seachtó múinteoir ag múineadh inti. Tá seomra ranga an-mhór againn agus tá tríocha dalta sa rang. Is aoibhinn linn Pobalscoil Íosa mar tá atmaisféar iontach sa scoil.

Brenda

❶ Cá bhfuil Brenda ag dul ar scoil?
❷ Cé mhéad dalta atá ag freastal ar an scoil?
❸ Cé mhéad múinteoir atá sa scoil?
❹ Cé mhéad dalta atá sa rang?

Téigh go dtí edco.ie/iontas1 chun idirghníomhaíochtaí a dhéanamh.

Cluastuiscint CD 1 Rian 5–7

Éist go cúramach leis na giotaí cainte ar an dlúthdhiosca, agus ansin freagair na ceisteanna seo thíos. Cloisfidh tú gach giota dhá uair.

Mír 1 – An tUasal Ó Conghaile

1 Cé mhéad dalta atá ag freastal ar Choláiste Choilm?

a sé chéad dalta ☐   **b** seacht gcéad dalta ☐   **c** ocht gcéad dalta ☐

2 Fíor nó bréagach?
Déanann an príomhoide iarracht a bheith foighneach agus cairdiúil leis na daltaí.

3 An mbíonn an príomhoide sásta nuair a bhíonn na daltaí déanach don scoil?

Mír 2 – Niamh Ní Mhainnín

1 Cén bhliain ina bhfuil Niamh i gColáiste Éanna?

2 Cén saghas duine í an leas-phríomhoide?
   a) greannmhar agus sona ☐
   b) cainteach agus spórtúil ☐
   c) cancrach agus mífhoighneach ☐

3 Conas a théann Niamh abhaile gach lá?

Scrúdú cainte gearr
Éist leis an dlúthdhiosca – CD 1 Rian 42. Déan an scrúdú cainte gearr thíos agus ansin scríobh na freagraí i do chóipleabhar.

❶ Cá bhfuil tú ag dul ar scoil? _____

❷ Cén saghas scoile í? _____

❸ Cé mhéad dalta atá ag freastal ar an scoil? _____

❹ Cé mhéad múinteoir atá ag múineadh sa scoil? _____

❺ An dtaitníonn an scoil leat? _____

❻ Conas a thagann tú ar scoil gach maidin?
_____

❼ Cén t-ainm atá ar an bpríomhoide?
_____

❽ Cén t-ainm atá ar an leas-phríomhoide?
_____

❾ Cén saghas duine é/í an múinteoir mata/Gaeilge/Béarla?
_____

31

Ábhair scoile  Meaitseáil

Scríobh isteach na hábhair scoile. Ansin scríobh na hábhair scoile i do chóipleabhar agus tarraing léaráid le gach ábhar. Bain úsáid as na nótaí ar leathanach 33.

Le foghlaim!

Foghlaim na hábhair scoile agus freagair na ceisteanna thíos.

Na teangacha

Gaeilge	Irish	**Béarla**	English
Laidin	Latin	**Gearmáinis**	German
Fraincis	French	**Spáinnis**	Spanish

❶ **Cén teanga is fearr leat?** Is maith liom _____ ach is fearr liom _____.

❷ **Ainmnigh na teangacha a dhéanann tú sa mheánscoil.** Déanaim _____
_____.

❸ **An bhfuil aon teanga nach maith leat?** Ní maith liom _____.

Na hábhair phraicticiúla

Le foghlaim!

ealaín	art	**tíos**	home economics
eolaíocht	science	**adhmadóireacht**	woodwork
miotalóireacht	metal work	**líníocht theicniúil**	technical drawing
ríomhairí	computers	**corpoideachas**	physical education

❶ An maith leat corpoideachas? _____

❷ An ndéanann tú ealaín? _____

❸ Cén t-ábhar praicticiúil is fearr leat? Is fearr liom _____

Níos mó ábhar scoile!

Le foghlaim!

stair	history	**tíreolaíocht**	geography
staidéar gnó	business studies	**matamaitic**	maths
staidéar clasaiceach	classical studies	**drámaíocht**	drama

❶ An ndéanann gach dalta stair agus tíreolaíocht? _____

❷ An maith leat matamaitic? _____

❸ Ainmnigh na hábhair a dhéanann tú ó na boscaí thuas. _____

Aidiachtaí arís!

Le foghlaim!

An maith leat?		Is maith liom ...	Ní maith liom ...
corraitheach	exciting	**leadránach**	boring
deacair	difficult	**suimiúil**	interesting
iontach	wonderful	**cineálta**	kind
dian	hard	**éasca**	easy

Cleachtadh ag scríobh

Cum deich n-abairt ag baint úsáide as na boscaí thíos.

Sampla: Ní maith liom + tíreolaíocht + ar chor ar bith. (I don't like geography at all.)

1.	2.	3.
Is aoibhinn liom	Gaeilge	taitneamhach
Taitníonn	Béarla	go mór liom
Is breá liom	stair	ar chor ar bith (at all)
Is maith liom	tíreolaíocht	suimiúil
Ní maith liom	Fraincis	go hiontach
Is fuath liom	corpoideachas	agus Gearmáinis
Ceapaim go bhfuil	eolaíocht	leadránach
I mo thuairim tá	ceol	mar bíonn an múinteoir deas/ cairdiúil

Labhair amach ... labhair os ard!

Cuir na ceisteanna thíos ar na daltaí sa rang agus ansin scríobh na freagraí i do chóipleabhar.

❶ *Cén t-ábhar is fearr leat?*

❷ *An bhfuil aon ábhar ann nach maith leat?*

❸ *Cén fáth nach maith leat an t-ábhar sin?*

❹ *An maith leat stair?*

❺ *An maith leat tíreolaíocht?*

❻ *An maith leat Gaeilge? Cén fáth?*

Cúinne na Gramadaí

Le foghlaim! Forainmneacha Réamhfhoclacha

Le

liom
leat
leis
léi
linn
libh
leo

IS MAITH LIOM SEACLÁID

Is maith **liom**	I like
Is maith **leat**	you like
Is maith **leis**	he likes
Is maith **léi**	she likes
Is maith **linn**	we like
Is maith **libh**	you (plural) like
Is maith **leo**	they like

Téigh chuig leathanach 280 chun níos mó oibre a dhéanamh ar na Forainmneacha Réamhfhoclacha.

Sampla

Ceist: An maith leat Gaeilge? **Freagra:** Is maith liom Gaeilge ach ní maith liom stair.

Cleachtadh ag scríobh

Líon na bearnaí thíos.

1 Is maith _____ matamaitic ach ní maith leis tíreolaíocht.

2 Is maith le Sorcha Fraincis ach ní maith _____ ceol.

3 Is maith _____ eolaíocht mar déanann siad trialacha (experiments) sa rang.

4 Is aoibhinn _____ corpoideachas agus imríonn sé a lán spóirt.

5 Is maith liom tíos agus is aoibhinn _____ ealaín.

Labhair amach ... labhair os ard!

Cuir na ceisteanna thíos ar na daltaí sa rang.

An maith **leat** Béarla?   An maith **leat** Gaeilge?

An maith **leat** Fraincis?   An maith **leat** staidéar gnó?

An maith **leat** adhmadóireacht?   An maith **leat** matamaitic?

An maith **leat** Béarla?   An maith **leat** stair?

An t-am

Le foghlaim!

1.

cúig = 5

deich = 10

ceathrú = ¼

fiche = 20

fiche cúig = 25

leathuair = ½

2.

a chlog

tar éis = past

chun = to

3.

a haon = 1
a dó = 2
a trí = 3
a ceathair = 4
a cúig = 5
a sé = 6
a seacht = 7
a hocht = 8
a naoi = 9
a deich = 10
a haon déag = 11
a dó dhéag = 12

Samplaí

leathuair	+	tar éis	+	a seacht
ceathrú	+	tar éis	+	a dó
fiche	+	chun	+	a naoi
cúig	+	chun	+	a seacht

 06.55

Cleachtadh ag scríobh

Scríobh an t-am i bhfocail.

❶ 03.20 _____

❷ 04.45 _____

❸ 09 30 _____

❹ 01.25 _____

❺ 11.00 _____

Cleachtadh ag scríobh

❶ **Scríobh an t-am i bhfocail thíos.**

a)   b)   c)

a) _____

b) _____

c) _____

❷ **Freagair na ceisteanna thíos i do chóipleabhar.**

a) Cén t-am a éiríonn tú ar maidin? Éirím ar a _____.

b) Cén t-am a itheann tú do bhricfeasta ar maidin? Ithim mo bhricfeasta ar a _____.

c) Cén t-am a fhágann tú an teach ar maidin? Fágaim an teach ar a _____ _____.

d) Cén t-am a shroicheann tú an scoil? Sroichim an scoil ar a _____ _____.

e) Cén t-am a itheann tú lón ar scoil? Ithim lón ar a _____.

❸ **Líon na bearnaí thíos – Úna Ní Laoire.**

D'éirigh mé ar maidin ar a (7.30)

_____.

D'ullmhaigh mé an bricfeasta ar a (8.00)

_____ agus

d'fhág mé an teach ar a (8.30)

_____.

Tháinig an bus ar a (8.50)

_____ agus

thosaigh na ranganna ar scoil ar a (9.00)

_____.

Úna

❹ **Scríobh amach an t-am i bhfocail i do chóipleabhar.**

a) 10.25	c) 3.05	e) 9.55	g) 2.10
b) 4.45	d) 12.00	f) 1.00	h) 8.30

 Téigh go dtí edco.ie/iontas1 chun idirghníomhaíochtaí a dhéanamh.

Cleachtadh ag scríobh

Is tusa príomhoide na scoile! Déan amchlár greannmhar do na daltaí sa chéad bhliain.

Amchlár Iseult!

Labhair amach ... labhair os ard!

Féach ar amchlár Iseult agus freagair na ceisteanna thíos.

	Dé Luain	Dé Máirt	Dé Céadaoin	Déardaoin	Dé hAoine
9.20	Gaeilge	creideamh	ealaín	Béarla	tíos
10.40	tíreolaíocht	Fraincis	eolaíocht	Gaeilge	staidéar gnó
11.10	sos	sos	sos	sos	sos
11.30	corpoideachas	Gearmáinis	matamaitic	adhmadóireacht	Fraincis
12.10	corpoideachas	tíreolaíocht	Gaeilge	tíreolaíocht	matamaitic
12.45	lón	lón	lón	lón	lón
2.00	staidéar gnó	matamaitic	Fraincis	creideamh	Gearmáinis
2.40	ríomhairí	Gaeilge	stair	ealaín	ceol

Ceist: Cén t-am a bhíonn sos ag na daltaí gach lá?

Freagra: Bíonn sos ag na daltaí ar a _____.

Ceist: Cén t-am a thosaíonn na ranganna gach maidin?

Freagra: Tosaíonn na ranganna ar a _____.

Ceist: Cén t-ábhar a bhíonn ag na daltaí ar a dó a chlog ar an gCéadaoin?

Freagra: Bíonn _____.

Ceist: Cén t-ábhar a bhíonn ag na daltaí ar a deich tar éis a dó dhéag ar an Aoine?

Freagra: Bíonn _____.

Ceist: An ndéanann na daltaí ríomhairí ar a fiche chun a trí ar an Luan?

Freagra: _____.

 Téigh siar ar na briathra san Aimsir Láithreach ar leathanach 212.

Léamhthuiscint Glee

Léigh an t-alt thíos agus freagair na ceisteanna a ghabhann leis.

Dia daoibh, a chairde! Is muidne na carachtair sa chlár teilifíse 'Glee' agus táimid ag freastal ar mheánscoil McKinley High sna Stáit Aontaithe. Is breá linn ar fad ceol agus táimid i ngrúpa ceoil ar scoil. Bímid ag canadh agus ag damhsa ar scoil agus bainimid go léir an-taitneamh as.
Tá dáréag againn sa ghrúpa, idir bhuachaillí agus chailíní agus bíonn cleachtadh againn ag am lóin agus tar éis scoile. Táimid go léir sa bhliain chéanna ar scoil agus táimid an-chairdiúil le chéile! Is é Will Schuster an t-ainm atá ar an múinteoir a thugann cabhair dúinn agus réitímid go han-mhaith leis!

Glee!

❶ **Ceisteanna**

a) Cad is ainm don chlár teilifíse?
b) Cá bhfuil an mheánscoil?
c) Cad a bhíonn ar siúl acu ar scoil?
d) Cé mhéad duine atá sa ghrúpa?
e) Cad is ainm don mhúinteoir a thugann cabhair dóibh?

Cabhair!

Is muidne na carachtair	We are the characters
clár teilifíse	TV programme
dáréag	twelve

❷ **Fíor nó bréagach?**

	Fíor	Bréagach
a) Tá an mheánscoil 'McKinley High' in Éirinn.	☐	☐
b) Is breá leo ceol.	☐	☐
c) Ní bhíonn siad ag damhsa agus ag canadh ar scoil.	☐	☐
d) Tá deichniúr sa ghrúpa ceoil.	☐	☐
e) Will Schuster is ainm dá múinteoir.	☐	☐
f) Tá siad sa bhliain chéanna ar scoil.	☐	☐

Ceol agus craic sa rang!

Éist le hamhrán ó Aonad a hOcht ar dhlúthdhiosca an mhúinteora Rian 13. Can an t-amhrán sa rang. Féach ar *Aifric* ar TG4 nó ar DVD an mhúinteora.

Cleachtadh ag scríobh
'Na hábhair scoile atá á ndéanamh agam i mbliana'

Scríobh alt i do chóipleabhar ar an ábhar thuas. Léigh an t-alt samplach thíos i dtosach.

Sampla

Tá deich n-ábhar scoile á ndéanamh agam i mbliana. Taitníonn Gaeilge agus Béarla go mór liom. Tá na múinteoirí cineálta agus cabhrach. Is maith liom stair freisin ach is fuath liom tíreolaíocht. Tá an múinteoir tíreolaíochta cancrach agus mífhoighneach. An t-ábhar is fearr liom ná eolaíocht. Ní thugann an múinteoir a lán obair bhaile dúinn agus bíonn an-chraic againn sa rang. Tá a lán cairde agam sa mheánscoil agus imrímid peil sa pháirc ag am lóin.

Cúinne na Gramadaí   Ag comhaireamh

Riail le foghlaim!

1 – 6 ní chuireann tú aon rud ar ghuta	1 – 6 + séimhiú (ar chonsain)
7 – 10 + n- (ar ghuta)	7 – 10 + urú (ar chonsain)

aon ábhar	seacht **n-**ábhar	aon **ch**óipleabhar	seacht **g**cóipleabhar
dhá ábhar	ocht **n-**ábhar	dhá **ch**óipleabhar	ocht **g**cóipleabhar
trí ábhar	naoi **n-**ábhar	trí **ch**óipleabhar	naoi **g**cóipleabhar
ceithre ábhar	deich **n-**ábhar	ceithre **ch**óipleabhar	deich **g**cóipleabhar
cúig ábhar	aon ábhar déag	cúig **ch**óipleabhar	aon **ch**óipleabhar déag
sé ábhar	dhá ábhar déag	sé **ch**óipleabhar	dhá **ch**óipleabhar déag

Cleachtadh ag scríobh

Líon na bearnaí thíos.

❶ Tá (3 mála) _____ ag mo chara Laura.

❷ Tá (10 cóipleabhar) _____ agam.

❸ Tá (2 seomra) _____ in aice le seomra na múinteoirí.

❹ Tá (9 ábhar) _____ á ndéanamh ag mo dheartháir.

❺ Tagann (4 bus scoile) _____ chuig ár scoil.

Mála scoile
Cluiche – Céard atá i do mhála scoile?

I mo mhála scoile tá cóipleabhar … I mo mhála scoile tá cóipleabhar agus peann …
Lean ar aghaidh timpeall an ranga. Bain taitneamh as!

Obair ealaíne
Tarraing mála scoile i do chóipleabhar agus déan liosta de na rudaí atá ann.

Le foghlaim!

cóipleabhair	copies	dialann scoile	school diary
peann (pinn)	pen(s)	fón póca	mobile phone
peann luaidhe	pencil	sparán	purse
bosca lóin	lunch box	leabhar nótaí	notebook
leabhair	books	cás peann luaidhe	pencil case

Lúbra
Aimsigh na pictiúir thíos sa lúbra.

B	R	D	C	C	U	I	Ó	F	G	B	E
É	T	S	F	Ó	N	P	Ó	C	A	É	L
Á	A	S	E	I	C	P	L	U	H	N	M
B	T	H	É	P	I	N	N	Ú	I	N	C
Í	O	V	B	L	Q	P	E	A	N	N	F
C	A	Ú	L	E	A	B	H	A	I	R	F
R	A	T	B	A	R	N	D	E	Ú	N	Á
S	U	L	T	B	F	Y	Á	B	M	É	U
Í	B	P	C	H	S	R	N	R	Ú	I	L
F	Ó	L	U	A	M	F	R	E	A	D	T
E	S	D	F	R	A	P	S	É	N	P	H
B	O	S	C	A	L	Ó	I	N	Í	Ó	S

Bosca lóin
Céard atá i do bhosca lóin?

Labhair amach ... labhair os ard!

Tá ceapairí cáise (cheese sandwiches), úll agus deoch oráiste i mo bhosca lóin.
Tá ceapairí sicín, úll, barra seacláide agus deoch uisce agam i mo bhosca lóin.

Obair ealaíne

Tarraing bosca lóin i do chóipleabhar agus líon isteach an bia a itheann tú ag am lóin.

Dialann scoile

Cleachtadh ag scríobh – Obair bhaile

Líon isteach an obair bhaile atá agat!

Dé Luain 22 Meán Fómhair

Gaeilge: Scríobh alt ar Mo Scoil
Béarla: Léigh an dán 'Mid Term Break'
Mata: Ceist 2 leathanach 34
Fraincis: Léigh an giota ar leathanach 33 agus freagair na ceisteanna
Stair: Ceist 3,4,5 leathanach 21
Gearmáinis: Foghlaim na huimhreacha ar leathanach 8

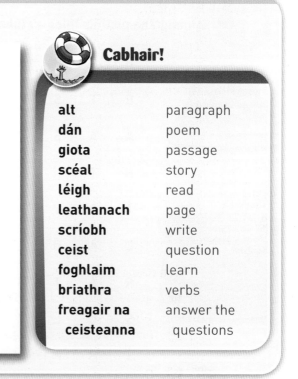

Cabhair!

alt	paragraph
dán	poem
giota	passage
scéal	story
léigh	read
leathanach	page
scríobh	write
ceist	question
foghlaim	learn
briathra	verbs
freagair na ceisteanna	answer the questions

Labhair amach ... labhair os ard!

Léigh amach an obair bhaile atá scríofa agat i do chóipleabhar os ard don rang.

Seomraí na scoile 1

Meaitseáil

Meaitseáil na pictiúir agus na focail thíos. Déan cur síos ar na pictiúir sa rang.

a) halla staidéir   **b)** seomra tíreolaíochta   **c)** seomra ceoil   **d)** leabharlann   **e)** saotharlann

1	2	3	4	5

Cleachtadh ag Scríobh

Líon na bearnaí thíos.

❶ **Céard a dhéanann tú sa seomra ceoil?** Foghlaimím _____ sa seomra ceoil.

❷ **Céard a dhéanann tú sa seomra tíreolaíochta?** Foghlaimím _____ sa seomra tíreolaíochta.

❸ **Céard a dhéanann tú sa tsaotharlann?** Foghlaimím _____ sa tsaotharlann.

❹ **Céard a dhéanann tú sa leabharlann?** Léim leabhair sa _____.

❺ **Céard a dhéanann tú sa halla staidéir?** Déanaim staidéar sa _____ _____.

Seomraí na scoile 2

Meaitseáil

Meaitseáil na pictiúir agus na focail thíos. Déan cur síos ar na pictiúir sa rang.

a) seomra foirne   **b)** oifig an rúnaí   **c)** seomra adhmadóireachta   **d)** seomra ranga

e) oifig an phríomhoide   **f)** cistin

1	2	3	4	5	6

Cleachtadh ag scríobh

Fíor nó bréagach?	Fíor	Bréagach
❶ Itheann na múinteoirí a lón sa chistin.	☐	☐
❷ Múineann an múinteoir na daltaí in oifig an rúnaí.	☐	☐
❸ Oibríonn an rúnaí in oifig an rúnaí.	☐	☐
❹ Ceartaíonn na múinteoirí na cóipleabhair sa seomra foirne.	☐	☐
❺ Freagraíonn an rúnaí an fón in oifig an rúnaí.	☐	☐

Le foghlaim! Briathra san Aimsir Láithreach

Scríobh abairtí leis na briathra thíos i do chóipleabhar.

múineann sé/sí	he/she teaches	**ceartaíonn sé/sí**	he/she corrects
freagraíonn sé/sí	he/she answers	**oibríonn sé/sí**	he/she works

Cluastuiscint CD 1 Rian 8–10

Éist go cúramach leis na giotaí cainte ar an dlúthdhiosca, agus ansin freagair na ceisteanna seo thíos. Cloisfidh tú gach giota dhá uair.

Mír 1 – Úna Ní Chinnéide

1 Cén fáth a bhfuil ocras an domhain ar Úna?

a) Ní raibh aon bhia sa bhaile.
b) Ní raibh aon bhricfeasta aici ar maidin.
c) Bhí sí tinn ar maidin.
d) D'fhág sí a lón sa bhaile.

2 Céard atá aici don lón?

a

b

c

3 Cén rang a bheidh aici tar éis lóin?

Mír 2 – Cormac Ó Laoire

1 Cén fáth a bhfuil áthas ar Chormac?

2 Céard atá le déanamh ag Cormac sa mhatamaitic?

a) trí cheist
b) ceithre cheist
c) dhá cheist
d) cúig cheist

3 Cén t-ábhar is fearr le Cormac?

Scrúdú cainte gearr

Éist leis an dlúthdhiosca – CD 1 Rian 43. Déan an scrúdú cainte gearr thíos agus ansin scríobh na freagraí i do chóipleabhar.

❶ Cé mhéad ábhar atá á ndéanamh agat i mbliana?
❷ Cén t-ábhar is fearr leat? Cén fáth?
❸ An bhfuil aon ábhar ann nach maith leat?
❹ Cén múinteoir is fearr leat?
❺ Cén t-am a thosaíonn na ranganna ar maidin?
❻ Cén t-am a bhíonn lón agaibh?
❼ Cén t-am a chríochnaíonn na ranganna tráthnóna?
❽ Ainmnigh na seomraí atá sa scoil.
❾ Céard atá i do sheomra ranga / do mhála scoile / do bhosca lóin?

Teachtaireacht ríomhphoist

Léigh an ríomhphost thíos agus freagair na ceisteanna a ghabhann leis.

Leagan amach an ríomhphoist

Tá Ruairí sna pictiúir thuas tinn. Ní bheidh sé ag dul ar scoil. Seolann a Mham ríomhphost chuig príomhoide na scoile ag rá nach mbeidh sé ar scoil go ceann trí lá.

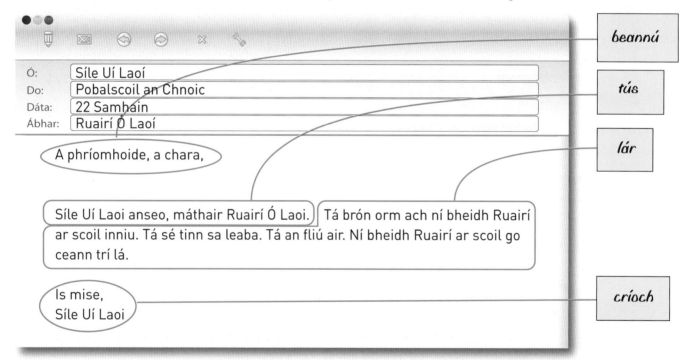

Ó:	Síle Uí Laoí
Do:	Pobalscoil an Chnoic
Dáta:	22 Samhain
Ábhar:	Ruairí Ó Laoí

A phríomhoide, a chara,

Síle Uí Laoi anseo, máthair Ruairí Ó Laoi. Tá brón orm ach ní bheidh Ruairí ar scoil inniu. Tá sé tinn sa leaba. Tá an fliú air. Ní bheidh Ruairí ar scoil go ceann trí lá.

Is mise,
Síle Uí Laoi

beannú

tús

lár

críoch

Cleachtadh ag scríobh

❶ Cé a sheol an ríomhphost chuig príomhoide na scoile?

❷ Cén fáth nach mbeidh Ruairí ar scoil inniu?

❸ Cathain a fhillfidh Ruairí ar scoil? (When will Ruairí return?)

❹ Seol ríomhphost chuig príomhoide na scoile ag míniú (explaining) go bhfuil tú tinn agus nach mbeidh tú ar scoil go ceann ceithre lá. Bain úsáid as na nathanna cainte sa ríomhphost thuas.

Le foghlaim!

Go minic seolann tú teachtaireacht ríomhphoist chuig do thuismitheoirí ag rá go bhfuil tú ag dul amach ar feadh tamaill. Déan staidéar ar na nótaí thíos agus ansin seol teachtaireacht ríomhphoist chuig do thuismitheoirí.

Tús	Lár	Críoch
A Mham	Tá mé imithe chuig an siopa	Slán tamall
A Dhaid	Tá mé imithe chuig teach Ailbhe	Le grá
A Thomáis	Ba mhaith liom clár teilifíse a fheiceáil	Slán go fóill
A Áine	Beidh mé ar ais ar a naoi	
A Shíle	Fillfidh mé ar a ceathair	

Léigh an ríomhphost thíos agus freagair na ceisteanna a ghabhann leis.

Níl Ailbhe ábalta a hobair bhaile a dhéanamh. Tá sí ag imeacht chuig teach a carad chun cabhair a fháil. Seolann Ailbhe ríomhphost chuig a Mam ag rá go bhfuil sí imithe chuig teach Chlíona.

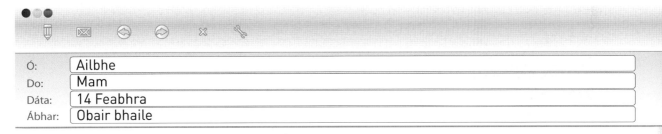

Ó:	Ailbhe
Do:	Mam
Dáta:	14 Feabhra
Ábhar:	Obair bhaile

A Mham,

Ní féidir liom mo chuid obair bhaile Ghaeilge a dhéanamh. Tá mé imithe chuig teach Chlíona chun cabhair a fháil. Beidh mé abhaile timpeall a hocht a chlog.

Slán go fóill,
Ailbhe

Cleachtadh ag scríobh

Seol teachtaireacht ríomhphoist chuig do thuismitheoirí ag rá go bhfuil tú imithe chuig an bpáirc le do chairde.

Súil siar ar Aonad a Dó – A

❶ Meaitseáil na habairtí thíos i nGaeilge agus i mBéarla.

1. Tá mé ag freastal ar an bpobalscoil áitiúil.	a) There is a very friendly atmosphere in it.
2. Is scoil iontach í.	b) I am doing ten subjects this year.
3. Tá atmaisféar an-chairdiúil inti.	c) I am in first year.
4. Réitíonn na múinteoirí agus na daltaí go maith le chéile.	d) Classes start at 8.50 in the morning.
5. Tá deich n-ábhar á ndéanamh agam i mbliana.	e) It is a wonderful school.
6. Tá mé sa chéad bhliain.	f) I get a lot of homework every evening.
7. Tosaíonn na ranganna ar a deich chun a naoi ar maidin.	g) I am attending the local community school.
8. Faighim a lán obair bhaile gach tráthnóna.	h) The teachers and the students get on well together.

1	2	3	4	5	6	7	8

❷ Scríobh an t-am i bhfocail.

a) `2:45` _____

b) `8:30` _____

c) `1:10` _____

d) `4:15` _____

e) `9:05` _____

❸ Ainmnigh an seomra thíos.

a) Déanann daltaí ealaín sa seomra...

   _____.

b) Múineann an múinteoir na daltaí sa seomra...

   _____.

c) Foghlaimíonn na daltaí ceol sa seomra...

   _____.

d) Déanann na daltaí corpoideachas sa halla...

   _____.

Léamhthuiscint Pobalscoil na Coille Móire

Léigh an t-alt thíos agus freagair na ceisteanna a ghabhann leis.

Haigh! Is mise Maidhc. Táim sa chéad bhliain i bPobalscoil na Coille Móire. Is scoil mhór í an scoil seo. Tá seacht gcéad dalta ag freastal uirthi. Tá mo chairde go léir ón mbunscoil sa rang céanna liom. Bíonn an-chraic againn sa rang Gaeilge agus eolaíochta. Bíonn na múinteoirí cairdiúil agus foighneach linn de ghnáth ach éiríonn siad cancrach nuair a dhéanaimid dearmad ar ár gcóipleabhair.

Tá áiseanna den scoth againn sa scoil seo. Tá seomraí ranga nua-aimseartha againn le ríomhairí agus boird bheo. Ar an gcéad urlár tá seomra ealaíne chomh maith le cistin agus dhá shaotharlann agus ar an dara hurlár tá seomra ceoil, leabharlann agus seomra tíreolaíochta. Tá halla spóirt mór ar thaobh na scoile. Taobh amuigh den scoil tá páirceanna peile agus cispheile.

Faighim an bus scoile gach maidin. Bíonn spórt agus spraoi againn ar an mbus scoile. Ní bhíonn an príomhoide róshásta nuair a bhímid déanach. Is aoibhinn liom Pobalscoil na Coille Móire.

❶ Ceisteanna

a) Cén saghas scoile í scoil Mhaidhc?

b) Conas mar a bhíonn na múinteoirí nuair a dhéanann siad dearmad ar a gcóipleabhair?

c) Ainmnigh rud amháin atá sna seomraí ranga.

d) Ainmnigh áis spóirt amháin atá taobh amuigh den scoil.

e) Conas a théann Maidhc ar scoil gach maidin?

Cabhair!

sa rang céanna	in the same class
den scoth	excellent
boird bheo	interactive boards
ar thaobh na scoile	at the side of the school

❷ Líon isteach na bearnaí.

a) Is scoil _____ an scoil seo. Tá seacht gcéad dalta ag freastal uirthi.

b) Bíonn na _____ cairdiúil agus foighneach leis na daltaí de ghnáth.

c) Ar an gcéad urlár tá seomra ealaíne, chomh maith le cistin agus dhá _____.

d) Tá halla _____mór ar thaobh na scoile.

e) Bíonn spórt agus spraoi againn ar an _____scoile.

spóirt, mhór, mbus, shaotharlann, múinteoirí

Labhair amach ... labhair os ard!

Teigh siar ar na ceisteanna thíos a d'fhreagair tú in Aonad a Dó.

Scrúdú cainte gearr 1

❶ Cá bhfuil tú ag dul ar scoil?

❷ Cén saghas scoile í?

❸ Cé mhéad dalta atá ag freastal ar an scoil?

❹ Cé mhéad múinteoir atá ag múineadh sa scoil?

❺ An dtaitníonn an scoil leat?

❻ Conas a thagann tú ar scoil gach maidin?

❼ Cén t-ainm atá ar an bpríomhoide?

❽ Cén t-ainm atá ar an leas-phríomhoide?

❾ Cén saghas duine é/í an múinteoir mata/Gaeilge/Béarla?

Scrúdú cainte gearr 2

❶ Cé mhéad ábhar atá á ndéanamh agat i mbliana?

❷ Cén t-ábhar is fearr leat? Cén fáth?

❸ An bhfuil aon ábhar ann nach maith leat?

❹ Cén múinteoir is fearr leat?

❺ Cén t-am a thosaíonn na ranganna ar maidin?

❻ Cén t-am a bhíonn lón agaibh?

❼ Cén t-am a chríochnaíonn na ranganna tráthnóna?

❽ Ainmnigh na seomraí atá sa scoil.

❾ Céard atá i do sheomra ranga / do mhála scoile / do bhosca lóin?

3 Aonad a Trí

Na Séasúir – An Fómhar agus an Geimhreadh

Dá mbeadh soineann go Samhain,
bheadh breall ar dhuine éigin.

Na séasúir

Meaitseáil

Meaitseáil na focail agus na pictiúir thíos.

(a) An t-earrach   **(b)** An samhradh

(c) An fómhar   **(d)** An geimhreadh

1.   2.   3.   4.

Le foghlaim! Míonna na bliana

Eanáir	January	**Iúil**	July
Feabhra	February	**Lúnasa**	August
Márta	March	**Meán Fómhair**	September
Aibreán	April	**Deireadh Fómhair**	October
Bealtaine	May	**Samhain**	November
Meitheamh	June	**Nollaig**	December

Labhair amach ... labhair os ard!

Cuir na ceisteanna thíos ar na daltaí sa rang.

Ceist: Cén séasúr is fearr leat?   **Freagra:** Is fearr liom an fómhar.

Ceist: Cén mhí is fearr leat?   **Freagra:** Deireadh Fómhair an mhí is fearr liom.

Ceist: Céard iad míonna an fhómhair?   **Freagra:** Is iad míonna an fhómhair ná Lúnasa, Meán Fómhair agus Deireadh Fómhair.

Ceist: Cén mhí san fhómhar is fearr leat?   **Freagra:** Lúnasa an mhí san fhómhar is fearr liom.

Cleachtadh ag scríobh

Scríobh na freagraí ar na ceisteanna thuas i do chóipleabhar.

An fómhar

Le foghlaim!

an fómhar	the autumn
míonna an fhómhair	the months of autumn
lár an fhómhair	the middle of autumn
deireadh an fhómhair	the end of autumn

Míonna an fhómhair
Labhair amach... labhair os ard!

Céard iad míonna an fhómhair?
- *Lúnasa*
- *Meán Fómhair*
- *Deireadh Fómhair*
  Is iad Lúnasa, Meán Fómhair agus Deireadh Fómhair míonna an fhómhair.

An aimsir san fhómhar

Meaitseáil
Meaitseáil na pictiúir agus na focail thíos.

1. gaofar
2. fliuch/ag cur báistí
3. an ghrian ag taitneamh
4. bogha báistí
5. Titeann na duilleoga de na crainn.
6. scamallach

a)

b)

c)

d)

e)

f)

Obair ealaíne
Tarraing féilire i do chóipleabhar. Tarraing pictiúr do gach mí san fhómhar.

Cleachtadh ag scríobh – An aimsir san fhómhar

❶ Líon na bearnaí.

San fhómhar éiríonn an aimsir fuar agus _____. Titeann na duilleoga de na _____ agus éiríonn sé dorcha go luath. Téann na daltaí ar ais ar _____ tar éis laethanta saoire an _____.

scoil, fliuch, tsamhraidh, crainn

❷ Léigh an t-alt agus freagair na ceisteanna thíos.

Haigh! Is mise Aifric. Is é an fómhar an séasúr is fearr liom. Ag tús an fhómhair bíonn an aimsir te agus grianmhar. Tagaim abhaile ó mo laethanta saoire agus caithim a lán ama ag imirt spóirt le mo chairde. I mí Mheán Fómhair téim ar ais ar scoil. Ceannaím mo leabhair agus mo chóipleabhair agus tosaíonn na ranganna ar scoil arís. Éiríonn sé fuar agus fliuch i lár an fhómhair. Is aoibhinn liom Oíche Shamhna.

a) Cén séasúr is fearr le hAifric?_____

b) Conas a bhíonn an aimsir ag tús an fhómhair?_____

c) Cá dtéann sí i mí Mheán Fómhair?_____

Craic sa rang

Léigh an dán 'An Fómhar' ar leathanach 185.

Labhair amach ... labhair os ard!

Déan cur síos ar an aimsir san fhómhar. Bain úsáid as na nótaí thíos.

Le foghlaim!

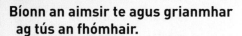

Bíonn an aimsir te agus grianmhar ag tús an fhómhair.	The weather is hot and sunny at the beginning of autumn.
San fhómhar bíonn an aimsir fuar agus scamallach.	In autumn the weather is cold and cloudy.
Éiríonn an aimsir fuar agus fliuch ag deireadh an fhómhair.	The weather gets cold and wet at the end of autumn.
San fhómhar bíonn an aimsir gaofar agus stoirmiúil.	In autumn the weather is windy and stormy.

Cleachtadh ag scríobh

Léigh an sampla thíos agus freagair na ceisteanna.
Ansin scríobh cúpla líne i do chóipleabhar faoin bhfómhar.

Sampla

Is mise Seán. Is aoibhinn liom an fómhar. Is iad Lúnasa, Meán Fómhair agus Deireadh Fómhair míonna an fhómhair. Ag tús an fhómhair bíonn an aimsir te agus grianmhar. Ansin, i lár an fhómhair éiríonn an aimsir níos fuaire. Ag deireadh an fhómhair bíonn an aimsir fliuch agus scamallach.

❶ Ainmnigh míonna an fhómhair.

_____

❷ Déan cur síos ar an aimsir ag tús an fhómhair.

_____

❸ Déan cur síos ar an aimsir ag deireadh an fhómhair.

_____

Obair ealaíne

Tarraing pictiúr den fhómhar i do chóipleabhar.

Téigh go dtí edco.ie/iontas1 chun idirghníomhaíochtaí a dhéanamh.

Cúinne na Gramadaí

Téigh chuig leathanach 276 chun níos mó oibre a dhéanamh ar na haidiachtaí.

Céimeanna comparáide na naidiachtaí

Le foghlaim!

te	warm	**níos teo**	warmer	**is teo**	warmest	
fuar	cold	**níos fuaire**	colder	**is fuaire**	coldest	
álainn	beautiful	**níos áille**	more beautiful	**is áille**	most beautiful	

Abairtí samplacha

Cum abairtí leis na haidiachtaí thuas.

*Bíonn an aimsir **te** san earrach ach **níos teo** sa samhradh.*

*Éiríonn an aimsir **fuar** san fhómhar ach éiríonn sé **níos fuaire** sa gheimhreadh.*

Le foghlaim!

maith	good	**níos fearr**	better	**is fearr**	best
olc	bad	**níos measa**	worse	**is measa**	worst
geall	bright	**níos gile**	brighter	**is gile**	brightest

Abairtí samplacha

Cum abairtí leis na haidiachtaí thuas.

*Bhí an aimsir ar maidin **go holc**, ní ba mheasa ná an aimsir sa gheimhreadh.*

Cleachtadh ag scríobh

Líon na bearnaí.

❶ Bíonn na laethanta geall san earrach ach níos (geall) _____ sa samhradh.

❷ Tá an dúlra (*nature*) níos (álainn) _____ san earrach ná sa gheimhreadh.

❸ Is maith liom an t-earrach, ach is (maith) _____ liom an samhradh.

❹ An fómhar an séasúr is (maith) _____ liom.

❺ Is í Éire an tír is (álainn) _____ ar domhan.

Craic sa rang

Léigh an scéal 'Cú Chulainn' ar leathanach 170.

An dúlra san fhómhar

Meaitseáil

Meaitseáil na pictiúir agus na habairtí thíos.

a) Bíonn na húlla aibí ar na crainn.

b) Oibríonn an feirmeoir go dian sna goirt.

c) Gearrann sé an t-arbhar agus an chruithneacht (wheat) san fhómhar.

d) Is aoibhinn liom an dúlra san fhómhar.

e) Bailíonn an t-iora rua cnónna agus itheannn sé iad i rith an gheimhreadh.

f) Fágann roinnt éin an tír agus eitlíonn siad chuig na tíortha teo.

1	2	3	4	5	6

Cleachtadh ag scríobh

Scríobh cúig líne i do chóipleabhar faoin dúlra san fhómhar. Féach ar na pictiúir thuas agus bain úsáid as na nótaí.

Labhair amach ... labhair os ard!

An maith leat an fómhar? Inis don rang cén fáth a dtaitníonn an fómhar leat. Bain úsáid as na nótaí san aonad seo.

Oíche Shamhna

Meaitseáil

Meaitseáil na focail agus na pictiúir thíos.

❶ ❷ ❸ ❹ ❺ ❻ ❼ ❽ ❾

úll ar théad
puimcín
cnónna
pléascáin
tine chnámh
taibhse
cnámharlach
masc
cailleach

Téigh go dtí edco.ie/iontas1 chun idirghníomhaíochtaí a dhéanamh.

Lúbra

C	B	T	D	C	C	U	F	G	A	E	É
V	A	A	N	P	A	K	M	N	V	E	I
P	U	I	M	C	Í	N	N	A	P	L	N
M	B	B	L	P	I	Ó	N	Ú	S	Í	V
B	L	H	P	L	N	C	Ú	L	C	A
B	H	S	I	C	E	B	A	R	N	D	E
Ú	N	E	P	L	É	A	S	C	Á	I	N
Í	H	H	M	Á	N	H	C	E	N	I	T
F	R	E	A	D	V	W	D	H	K	J	É

Fógra
Cóisir Oíche Shamhna

Léigh an fógra agus freagair na ceisteanna a ghabhann leis.

❶ Cathain a bheidh an chóisir ar siúl?
❷ Ainmnigh cluiche amháin a imreoidh siad.
❸ Cén t-am a chríochnóidh an dioscó?
❹ Cé mhéad atá ar na ticéid?

Club Óige na Cille

Cóisir Oíche Shamhna

Cluichí: úll ar théad
Airgead i mbáisín uisce

Dioscó 8.00 – 12.00

Ticéad €10 ó rúnaí an chlub

Labhair amach ... labhair os ard!

Céard a dhéanann tú Oíche Shamhna?

❶ *An bhféachann tú ar na pléascáin Oíche Shamhna?*
❷ *An ngléasann tú suas Oíche Shamhna?*
❸ *An mbailíonn tú cnónna Oíche Shamhna?*
❹ *An gcuireann tú úll ar théad Oíche Shamhna?*
❺ *An dtéann tú chun an tine chnámh a fheiceáil?*

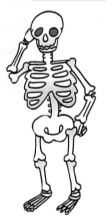

Téigh chuig leathanach 212 chun níos mó oibre a dhéanamh ar an Aimsir Láithreach.

Cleachtadh ag scríobh

Freagair na ceisteanna thuas i do chóipleabhar. Bain úsáid as na briathra thíos.

féachaim	I watch	**ní fhéachaim**	I don't watch
gléasaim	I dress up	**ní ghléasaim**	I don't dress up
bailím	I collect	**ní bhailím**	I don't collect
cuirim	I put	**ní chuirim**	I don't put
téim	I go	**ní théim**	I don't go

Cluastuiscint CD 1 Rian 11–13

Éist go cúramach leis na giotaí cainte ar an dlúthdhiosca, agus ansin freagair na ceisteanna seo thíos. Cloisfidh tú gach giota dhá uair.

Mír 1

1 Cá ndeachaigh Conall Oíche Shamhna?

2 Céard a bhí ar siúl sa chlub óige?

3 Céard a chonaic siad ag meánoíche?

Mír 2

1 Céard a bhí á dhéanamh ag Pól?

2 Cathain a tháinig sé ar ais?

    a) ag deireadh mhí Lúnasa
    b) ag deireadh mhí Iúil
    c) ag tús mhí Lúnasa

3 Ar cheannaigh Pól a leabhair nua don chéad bhliain?

4 Cá rachaidh Áine le Pól?

    a) an siopa nuachtán
    b) an siopa faisin
    c) an siopa leabhar

Scrúdú cainte gearr

Éist leis an dlúthdhiosca – CD 1 Rian 44. Déan an scrúdú cainte gearr thíos agus ansin scríobh na freagraí i do chóipleabhar.

❶ Ainmnigh na séasúir. _____

❷ Cén séasúr is fearr leat? _____

❸ Ainmnigh míonna an fhómhair. _____

❹ Cathain a fhilleann tú ar scoil? _____

❺ Conas mar a bhíonn an aimsir san fhómhar? _____

❻ An maith leat an dúlra san fhómhar? _____

❼ Céard a dhéanann tú Oíche Shamhna? _____

❽ Ar Oíche Shamhna, an ngléasann tú suas? _____

❾ An imríonn tú cluichí Oíche Shamhna? _____

Sraith pictiúr

Labhair amach ... labhair os ard!

Cleachtadh ag scríobh

Déan cur síos ar na pictiúir thíos. Bain úsáid as na nótaí sa bhosca.

Pictiúr a haon

Oíche Shamhna atá ann. Tá na páistí gléasta in éide bhréige. Feicim taibhse agus cailleach. Tá málaí ag na páistí.

Pictiúr a dó

Tá na páistí ag imirt cluichí. Feicim úll ar théad agus airgead i mbáisín uisce. Tá na páistí ag baint taitnimh as na cluichí.

Pictiúr a trí

Tá sé déanach san oíche. Feicim grúpa déagóirí timpeall ar an tine chnámh. Tá éide bhréige orthu agus tá siad ag caint le chéile. Tá an tine chnámh dochreidte.

Pictiúr a ceathair

Tá slua mór sa pháirc agus tá siad ag féachaint i dtreo na spéire. Tá taispeántas pléascán ar siúl. Feicim dathanna áille sa spéir. Tá siad ag baint an-spraoi as an taispeántas.

 Cabhair!

éide bhréige	fancy dress	taibhse	ghost
cailleach	witch	úll ar théad	apple on a string
airgead i mbáisín uisce	money in a basin	dochreidte	unbelievable
dathanna áille	beautiful colours	taispeántas pléascán	fireworks display

Léamhthuiscint An séasúr is fearr liom – Chloe de Búrca

Léigh an t-alt agus freagair na ceisteanna thíos.

Is é an fómhar an séasúr is fearr liom. Is iad Lúnasa, Meán Fómhair agus Deireadh Fómhair míonna an fhómhair. San fhómhar bíonn dathanna áille ar an dúlra. Titeann duilleoga áille de na crainn agus bailíonn an t-iora cnónna. Bíonn an feirmeoir ag obair go dian sna goirt ag baint an arbhair agus na cruithneachta.

Nuair a théim ar ais ar scoil éiríonn an aimsir níos fuaire agus níos dorcha. Bíonn sé fliuch agus scamallach go minic san fhómhar. An fhéile is fearr liom ná Oíche Shamhna. Téim amach le mo chairde agus go minic gléasaimid suas in éide bhréige. Bíonn cóisir nó dioscó ar siúl sa chlub óige agus téimid ann lenár gcairde. Ag meánoíche téimid amach chun na pléascáin a fheiceáil. Is aoibhinn liom Oíche Shamhna.

Cabhair!

dathanna áille	beautiful colours
an t-iora	squirrel
sna goirt	in the fields
an t-arbhar agus an chruithneacht	the corn and wheat
éide bhréige	fancy dress
pléascáin	fireworks

❶ Cén séasúr is fearr le Chloe?
❷ Céard a dhéanann an t-iora rua?
❸ Cá n-oibríonn an feirmeoir?
❹ Conas a bhíonn an aimsir nuair a théann Chloe ar ais ar scoil?
❺ Cén fhéile is fearr léi?
❻ Cá dtéann siad ag meánoíche?

Cleachtadh ag scríobh

Bain úsáid as na nótaí san aonad seo.

❶ Scríobh alt i do chóipleabhar ar Oíche Shamhna.
❷ Scríobh alt ar an séasúr is fearr leat.

Féach ar Réamhaisnéis na hAimsire ar www.tg4.ie.

An geimhreadh

Le foghlaim!

an geimhreadh	the winter
míonna an gheimhridh	the months of winter
lár an gheimhridh	the middle of winter
deireadh an gheimhridh	the end of winter

Míonna an gheimhridh
Labhair amach ... labhair os ard!

Céard iad míonna an gheimhridh?
- *Samhain*
- *Nollaig*
- *Eanáir*
  Is iad Samhain, Nollaig agus Eanáir míonna an gheimhridh.

An aimsir sa gheimhreadh

Meaitseáil
Meaitseáil na pictiúir agus na focail thíos.

a)

b)

c)

d)

e)

f)

1. stoirmiúil

2. fliuch/ag cur báistí

3. sneachta ag titim

4. sioc

5. ceobhránach

6. leac oighir

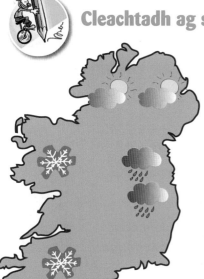

Cleachtadh ag scríobh

Féach ar an léarscáil agus scríobh cúpla líne i do chóipleabhar faoin aimsir. Léigh an freagra samplach os ard sa rang i dtosach.

Sampla

Agus anois, an aimsir. Tá sneachta ag titim sa deisceart agus tá sé fuar agus gaofar freisin. Tá sé ag cur báistí san oirthear inniu. Sa tuaisceart tá sé grianmhar ach scamallach agus tá sé ag cur sneachta san iarthar.

Le foghlaim!

sneachta ag titim	snow falling	**sa deisceart**	in the south
fuar agus gaofar	cold and windy	**ag cur báistí**	raining
san oirthear	in the east	**sa tuaisceart**	in the north
grianmhar ach scamallach	sunny but cloudy	**san iarthar**	in the west

Labhair amach ... labhair os ard!

❶ Féach ar an léarscáil agus déan cur síos ar an aimsir.

Cabhair!

Tá an aimsir inniu an-fhuar sa tuaisceart.
Tá sé ag cur sneachta go trom sa tuaisceart freisin.
Tá leac oighir ar na bóithre.
Tá sé ceobhránach (frosty) agus scamallach sa deisceart.
San iarthar tá sé stoirmiúil agus fliuch.
San oirthear tá sé grianmhar agus scamallach.

❷ Scríobh alt gearr i do chóipleabhar faoin aimsir ar an léarscáil.

❸ Scríobh alt gearr i do chóipleabhar faoin aimsir inniu.

 Féach ar an aimsir ar www.tg4.ie

Léamhthuiscint

Léigh an t-alt agus freagair na ceisteanna thíos.

Sampla 1 – An aimsir sa gheimhreadh

Sa gheimhreadh bíonn an aimsir in Éirinn fliuch agus stoirmiúil. Bíonn sé an-dorcha ar maidin agus éiríonn sé dorcha an-luath sa tráthnóna. Titeann báisteach throm go minic sa gheimhreadh agus bíonn sé scamallach lá i ndiaidh lae. I lár an gheimhridh titeann sneachta agus bíonn an aimsir an-fhuar. Nuair a bhíonn na bóithre sleamhain le leac oighir bíonn siad an-dainséarach. Is aoibhinn le páistí an sneachta. Caitheann siad liathróidí sneachta agus déanann siad fear sneachta.

❶ Déan cur síos ar an aimsir in Éirinn sa gheimhreadh.

❷ Cathain a bhíonn sé dorcha?

❸ Cathain a bhíonn sé dainséarach ar na bóithre?

❹ Ainmnigh rud amháin a dhéanann na páistí sa sneachta.

Cabhair!

titeann báisteach throm	heavy rain falls
lá i ndiaidh lae	day after day
na bóithre sleamhna	slippery roads
an-dainséarach	very dangerous

Déan cur síos ar an aimsir sa gheimhreadh. Féach ar an sampla thíos agus ansin scríobh alt i do chóipleabhar faoin aimsir sa gheimhreadh.

Sampla 2 – An séasúr is fearr liom

An geimhreadh an séasúr is fearr liom. Is iad Samhain, Nollaig agus Eanáir míonna an gheimhridh. Is í an Nollaig an fhéile is fearr liom sa gheimhreadh. Tagann Daidí na Nollag agus faigheann na páistí a lán bronntanais. Bíonn sos fada againn ón scoil freisin agus buailimid lenár gcairde agus ár ngaolta. Fillim ar scoil tar éis laethanta saoire na Nollag agus bímid ag tnúth go mór leis an earrach.

Cabhair!

an fhéile	the festival
a lán bronntanais	a lot of presents
fillim	I return
ár ngaolta	our relations
ag tnúth le	looking forward to

Téigh go dtí edco.ie/iontas1 chun idirghníomhaíochtaí a dhéanamh.

An Nollaig

Céard a tharlaíonn i do theach lá Nollag?

Labhair amach ... labhair os ard!

Cuir an cheist thíos ar na daltaí sa rang.
1 *An maith leat an Nollaig?*
2 *Ceard a dhéanann tú maidin Nollag?*
Bain úsáid as na habairtí thíos.

Meaitseáil

Meaitseáil na habairtí i nGaeilge agus i mBéarla thíos.

1. Is aoibhinn liom an Nollaig.

2. Tagann Daidí na Nollag maidin Nollag.

3. Bíonn sceitimíní ar na páistí.

4. Bíonn crann Nollag mór thuas sa seomra suí.

5. Cuirim maisiúcháin timpeall an tí.

6. Fágann páistí stocaí Nollag faoin gcrann.

7. Lasaimid coinneal san fhuinneog.

8. Maidin Nollag éiríonn na páistí agus téann siad síos an staighre ar a mbarraicíní.

a) Children leave Christmas stockings under the tree.

b) I put decorations around the house.

c) Santa Claus comes on Christmas morning.

d) The children are excited.

e) There is a big Christmas tree in the sitting room.

f) I love Christmas.

g) On Christmas morning the children get up and go downstairs on their toes.

h) We light a candle in the window.

1	2	3	4	5	6	7	8

Cluiche

I mí na Nollag, cuirim suas an crann Nollag...

I mí na Nollag, scríobhann mo dheirfiúr chuig Daidí na Nollag...

Lean ar aghaidh timpeall an ranga.

Dinnéar na Nollag

 Craic sa rang   **Labhair amach … labhair os ard!**

Caithfidh gach dalta na ceisteanna thíos a chur ar bheirt sa rang. Ansin caithfidh an dalta an t-eolas a thabhairt don rang.

❶ Ainmnigh dhá rud a fheiceann tú ar an mbord sa phictiúr thuas.

❷ Céard iad na glasraí a fheiceann tú ar an mbord?

❸ Cén fheoil a fheiceann tú i lár an bhoird?

❹ Ainmnigh dhá cháca atá ar an mbord.

 Téigh go dtí edco.ie/iontas1 chun idirghníomhaíochtaí a dhéanamh.

 ## Le foghlaim!

bachlóga Bhruiséile	Brussels sprouts	liamhás	ham
prátaí rósta	roast potatoes	cáca Nollag	Christmas cake
cairéid	carrots	maróg Nollag	Christmas pudding
turcaí	turkey	buidéal fíona	a bottle of wine

 ## Obair ealaíne

Tarraing pictiúr den bhord i do chóipleabhar, ná déan dearmad gach rud a chur ar an mbord do dhinnéar na Nollag.

Meaitseáil

Meaitseáil na pictiúir agus na focail thíos.

1. mainséar	2. pléascóga Nollag	3. aingeal
4. soilse Nollag	5. réalta	6. cártaí Nollag

a)

b)

c)

d)

e)

f)

Fógra

Léigh an fógra thíos agus freagair na ceisteanna a ghabhann leis.

❶ Cá mbeidh an díolachán Nollag ar siúl?

❷ Cén t-am a thosóidh an díolachán Nollag?

❸ Ainmnigh dhá rud a bheidh ar díol.

❹ Cé a bheidh ag bualadh le páistí ar a trí a chlog?

❺ Cé mhéad atá ar pháistí dul isteach?

Cabhair!

maisiúcháin	decorations
cead isteach	admission charge
tuilleadh eolais	more information
rúnaí na scoile	school secretary

Díolachán Nollag Halla Scoil Áine

Dé Domhnaigh 22 Nollaig
2.00–5.00

Ar díol: cártaí Nollag, maróga Nollag, cácaí Nollag, maisiúcháin

Beidh Daidí na Nollag ag bualadh le páistí ar a 3.00 i.n.

Cead isteach €3 do pháistí €5 do dhaoine fásta

Tuilleadh eolais ó Bhrídín, rúnaí na scoile 045 63356

Cluastuiscint CD 1 Rian 14–16

Éist go cúramach leis na giotaí cainte ar an dlúthdhiosca, agus ansin freagair na ceisteanna seo thíos. Cloisfidh tú gach giota dhá uair.

Mír 1

1 Cén fáth nach maith le Cormac an geimhreadh?

a ☐   **b** ☐   **c** ☐   **d** ☐

2 Cén fáth nach mbuaileann Cormac lena chairde tar éis scoile?

3 Céard a fuair Cormac lá Nollag?

Mír 2

1 Céard a bheidh ar siúl an Satharn seo chugainn?

2 Cén t-am a thosóidh an cheolchoirm?

3 Cén lá a dhúnfaidh an scoil do laethanta saoire na Nollag?

Scrúdú cainte gearr

Éist leis an dlúthdhiosca – CD 1 Rian 45. Déan an scrúdú cainte gearr thíos agus ansin scríobh na freagraí i do chóipleabhar.

❶ Cén séasúr is fearr leat?_____

❷ An maith leat an geimhreadh? _____

❸ Ainmnigh míonna an gheimhridh. _____

❹ Déan cur síos ar an aimsir sa gheimhreadh. _____

❺ Céard a dhéanann tú lá Nollag? _____

❻ An gcuireann tú crann Nollag suas?_____

❼ An seolann tú cártaí Nollag?_____

❽ Céard a itheann tú lá Nollag? _____

An Nollaig i mo theach

Léamhthuiscint Clár Ní Thuathail
Léigh an t-alt agus freagair na ceisteanna thíos.

Clár

Bíonn sceitimíní an domhain orm lá Nollag i mo theach.
Éirím ar a cúig a chlog agus dúisím mo dheartháir
Pádraig. Rithimid isteach sa seomra suí agus
féachaimid ar na bronntanais ag bun an chrainn Nollag.
Bíonn an-spraoi againn.

Ina dhiaidh sin dúisímid ár dtuismitheoirí. Ní bhíonn
siad róshásta nuair a fhéachann siad ar an gclog.
Maidin Nollag tagann ár n-aintín agus ár n-uncail
chuig an teach. Tugaimid bronntanais dóibh agus
ansin ullmhaímid don dinnéar.

Ithimid turcaí agus liamhás, prátaí rósta agus
báchlóga Bhruiséile don dinnéar. Ina dhiaidh sin
suímid síos agus féachaimid ar an teilifís. Bíonn
tuirse an domhain orm oíche Nollag.

❶ Cén t-am a éiríonn na páistí lá Nollag?
❷ Céard a fheiceann siad ag bun an chrainn Nollag?
❸ Cé a thagann chuig an teach maidin Nollag?
❹ Céard a itheann siad don dinnéar?
❺ Céard a dhéanann an chlann tar éis dinnéir?

Labhair amach ... labhair os ard!

Céard a dhéanann tú lá Nollag?

Obair ealaíne
Maisigh (decorate) cárta Nollag sa rang.

Súil siar ar Aonad a Trí – A

❶ **Meaitseáil na habairtí i mBéarla agus i nGaeilge thíos.**

1. Is é an fómhar an séasúr is fearr liom.

2. Is iad Lúnasa, Meán Fómhair agus Deireadh Fómhair míonna an fhómhair.

3. Éiríonn an aimsir fuar agus dorcha san fhómhar.

4. Is aoibhinn liom Oíche Shamhna.

5. Buailim le mo chairde agus téimid chun an tine chnámh a fheiceáil.

6. Bíonn taispeántas pléascán ar siúl Oíche Shamhna agus téim le mo chairde chun an taispeántas a fheiceáil.

a) The weather gets cold and dark in the autumn.

b) There is a fireworks display on Halloween and I go with my friends to see the display.

c) I love Halloween.

d) I meet with my friends and we go to see the bonfire.

e) Autumn is my favourite season.

f) August, September and October are the months of autumn.

1	2	3	4	5	6

❷ **Líon na bearnaí sna habairtí thíos.**

a) Is é an geimhreadh an _____ is fearr liom.

b) Is iad Samhain, Nollaig agus _____ míonna an gheimhridh.

c) Cuirim suas an _____ Nollag ag tús mhí na Nollag.

d) Cabhraím le mo thuismitheoirí _____ na Nollag a ullmhú.

e) Tagann m'uncail agus m'aintín chuig ár dteach agus tugann siad _____ dúinn.

f) Tar éis dinnéir féachaimid ar an _____.

dinnéar, séasúr, bronntanais, crann, teilifís, Eanáir

❸ **Déan cur síos ar an aimsir sna pictiúir thíos.**

a)

b)

c)

d)

_____ _____ _____ _____

_____ _____ _____ _____

71

Súil siar ar Aonad a Trí – B

Labhair amach … labhair os ard!

Teigh siar ar na ceisteanna thíos a d'fhreagair tú in Aonad a Trí.

Scrúdú cainte gearr 1

❶ Ainmnigh na séasúir._____

❷ Cén séasúr is fearr leat? _____

❸ Ainmnigh míonna an fhómhair._____

❹ Cathain a fhilleann tú ar scoil? _____

❺ Conas mar a bhíonn an aimsir san fhómhar? _____

❻ An maith leat an dúlra san fhómhar? _____

❼ Céard a dhéanann tú Oíche Shamhna?_____

❽ An ngléasann tú suas Oíche Shamhna? _____

❾ An imríonn tú cluichí Oíche Shamhna?_____

Scrúdú cainte gearr 2

❶ Cén séasúr is fearr leat? _____

❷ Cén fáth gur maith leat an geimhreadh? _____

❸ Ainmnigh míonna an gheimhridh._____

❹ Déan cur síos ar an aimsir sa gheimhreadh. _____

❺ Céard a dhéanann tú lá Nollag? _____

❻ An gcuireann tú crann Nollag suas?_____

❼ An seolann tú cártaí Nollag?_____

❽ Céard a itheann tú lá Nollag? _____

4

Aonad a Ceathair

An Teach

Níl aon tinteán mar do thinteán féin.

Cén saghas tí atá agat?

Meaitseáil

Meaitseáil na pictiúir agus na habairtí thíos.

a)

b)

c)

d)

e)

f)

1. Tá cónaí orm i dteach sraithe.

2. Tá cónaí orm i dteach leathscoite.

3. Tá cónaí orm i dteach mór.

4. Tá cónaí orm i dteach scoite.

5. Tá cónaí orm in árasán.

6. Tá cónaí orm i dteach trí stór.

Le foghlaim!

teach leathscoite	semi-detached house	**teach scoite**	detached house
teach sraithe	terraced house	**bungaló**	bungalow
árasán	apartment	**teach trí stór**	three-storey house
teach dhá stór	two-storey house	**teach mór/beag**	a big/small house

Labhair amach ... labhair os ard!

Cuir an cheist thíos ar na daltaí sa rang.
Ceist: Cén saghas tí atá agat?
Freagra: Tá teach leathscoite agam.
Freagra: Tá teach scoite agam.

Téigh go dtí edco.ie/iontas1 chun idirghníomhaíochtaí a dhéanamh.

Cá bhfuil an teach suite?

Meaitseáil

Meaitseáil na pictiúir agus na habairtí thíos.

a)

b)

c)

d)

e)

f)

1. Tá cónaí orm in aice na farraige.
2. Tá cónaí orm ar bhóthar ciúin.
3. Tá cónaí orm sa chathair.

4. Tá cónaí orm faoin tuath.
5. Tá cónaí orm ar phríomhbhóthar.
6. Tá cónaí orm in eastát tithíochta.

Le foghlaim!

sa chathair	in the city	**faoin tuath**	in the country
in aice na farraige	beside the sea	**in eastát tithíochta**	in a housing estate
sa bhaile mór	in the town	**sa sráidbhaile**	in the village
ar imeall na cathrach	on the outskirts of the city	**i mbruachbhaile cathrach**	in a city suburb
ar bhóthar ciúin	on a quiet road	**ar phríomhbhóthar**	on a main road

Labhair amach ... labhair os ard!

Cuir an cheist thíos ar na daltaí sa rang.

Ceist: Cá bhfuil do theach suite?   *Freagra:* Tá an teach suite ar imeall na cathrach.

Freagra: Tá an teach suite faoin tuath.

Léamhthuiscint Rút Ní Chearnaigh

Léigh an t-alt thíos agus freagair na ceisteanna a ghabhann leis.

Haigh! Is mise Rút Ní Chearnaigh. Taitníonn m'áit chónaithe go mór liom. Is teach leathscoite é mo theach atá suite ar bhóthar ciúin in eastát tithíochta. Tá a lán cairde agam san eastát ach is í Máiréad an cara is fearr atá agam.

Tá ár n-eastát tithíochta suite ar imeall na cathrach. Gach Satharn faighimid an bus chuig an gcathair agus téimid ag siopadóireacht. Tugann mo thuismitheoirí cúpla euro dom. Is aoibhinn liom siopadóireacht!

Rút

❶ Cén saghas tí atá ag Rút?
❷ Cá bhfuil an teach suite?
❸ Ainmnigh an cara is fearr atá ag Rút.
❹ Céard a dhéanann siad gach Satharn?
❺ Cá bhfaigheann Rút airgead?

Le foghlaim!

a lán tráchta	a lot of traffic	**is áit chiúin í**	it is a quiet place
is áit ghlórach í	it is a noisy place	**is áit álainn í**	it is a beautiful place
mórán tráchta	much traffic	**compordach**	comfortable

Cleachtadh ag scríobh

Scríobh alt gearr i do chóipleabhar faoi d'áit chónaithe.

Sampla

Is aoibhinn liom m'áit chónaithe. Tá cónaí orm i mbungaló faoin tuath. Is áit álainn í mar tá an bungaló suite in aice na farraige ar bhóthar ciúin. Ní bhíonn mórán tráchta ar an mbóthar. Is aoibhinn liom an bungaló mar tá sé mór agus compordach.

Suirbhé

Craic sa rang

Labhair amach ... labhair os ard!

Déan an dá shuirbhé thíos agus glaoigh amach na torthaí os ard sa rang.

Suirbhé 1 – Do Theach

1. Cén saghas tí atá agat? _____
2. An bhfuil an teach suite in eastát tithíochta? _____
3. An bhfuil an teach suite ar bhóthar ciúin? _____
4. An bhfuil an teach suite ar phríomhbhóthar? _____
5. An bhfuil an bóthar glórach? _____
6. An áit dheas í? _____
7. An bhfuil an teach suite in aice na farraige? _____
8. An bhfuil an teach suite sa bhaile mór? _____
9. An bhfuil an teach suite ar imeall na cathrach? _____

Suirbhé 2 – Teach do charad

1. Cén saghas tí atá agat? _____
2. An bhfuil an teach suite in eastát tithíochta? _____
3. An bhfuil an teach suite ar bhóthar ciúin? _____
4. An bhfuil an teach suite ar phríomhbhóthar? _____
5. An bhfuil a lán tráchta ar an mbóthar? _____
6. An bhfuil an bóthar ciúin? _____
7. An bhfuil an teach suite in aice na farraige? _____
8. An bhfuil an teach suite faoin tuath? _____
9. An bhfuil an teach suite ar imeall na cathrach? _____

Cleachtadh ag scríobh

Scríobh freagraí an tsuirbhé thuas i do chóipleabhar.

Téigh go dtí edco.ie/iontas1 chun idirghníomhaíochtaí a dhéanamh.

An teach

Cuir Gaeilge ar pháirteanna an tí a bhfuil uimhir orthu nó taobh leo. Tá cabhair ar fáil ar leathanach 79.

Déan cur síos ar an bpictiúr thuas i nGaeilge. Tá cabhair ar fáil ar leathanach 79.

Le foghlaim!

ar bharr an tí	at the top of the house	**os comhair an tí**	in front of the house
ag bun an ghairdín	at the bottom of the garden	**ar thaobh an tí**	at the side of the house
ar chúl an tí	at the back of the house	**in aice an tí**	beside the house

Obair ealaíne

Tarraing teach i do chóipleabhar agus cuir isteach na focail thíos.

Le foghlaim!

Imir cluiche leis na focail thíos sa rang.

simléar	chimney	**garáiste**	garage
fuinneog	window	**cúldoras**	backdoor
cúlghairdín	back garden	**príomhdhoras**	front door
díon	roof	**áiléar**	attic
seid adhmaid	wooden shed	**bosca litreach**	letter box

Cleachtadh ag scríobh

❶ Críochnaigh na habairtí thíos.

a) Cá bhfuil an tseid adhmaid? Tá an tseid adhmaid _____.

b) Cá bhfuil an garáiste? Tá an garáiste _____.

c) Cá bhfuil an cúldoras? Tá an cúldoras _____.

d) Cá bhfuil an carr? Tá an carr _____.

e) Cá bhfuil an t-áiléar? Tá an t-áiléar _____.

❷ Fíor nó bréagach?

		Fíor	Bréagach
a)	Tá garáiste os comhair an tí.	☐	☐
b)	Tá gairdín os comhair agus ar chúl an tí.	☐	☐
c)	Tá seid adhmaid ar thaobh an tí.	☐	☐
d)	Tá carr parcáilte os comhair an tí.	☐	☐
e)	Tá díon ar bharr an tí.	☐	☐

Seomraí an tí
Céard iad na seomraí atá i do theach?

Labhair amach ... labhair os ard!

Seas suas agus inis don rang céard iad na seomraí atá i do theach. Bain úsáid as an liosta thíos.

Cuir isteach na focail sna boscaí thíos.

1.	2.	3.
4.	5.	6.
7.	8.	9.
10.	11.	12.

Le foghlaim!

seomra bia	dining room	**seomra suí**	sitting room
cistin	kitchen	**fóchistin/ seomra áise**	utility room
halla	hall	**áiléar**	attic
leithreas thíos staighre	downstairs toilet	**seomra folctha**	bathroom
seomra leapa	bedroom	**seomra staidéir**	study
seomra teilifíse	TV room	**seomra ríomhaire**	computer room

Léamhthuiscint Cormac

Léigh an t-alt thíos agus freagair na ceisteanna a ghabhann leis.

Is mise Cormac. Tá conaí orm sa teach scoite seo le mo theaghlach. Is aoibhinn linn an teach. Is teach mór, compordach é. Thuas staighre tá ceithre sheomra leapa agus dhá sheomra folctha. Thíos staighre tá halla, seomra suí, seomra bia, cistin agus seomra teilifíse. Ar thaobh an tí tá seomra áise agus garáiste.

Os comhair an tí tá gairdín deas le crann rósanna agus ar chúl an tí tá gairdín mór le bláthanna áille. Caithimid a lán ama sa ghairdín sa samhradh. Bíonn bairbaiciú againn go minic lenár gcairde.

❶ Cén saghas tí atá ag Cormac agus a theaghlach?

❷ Cé mhéad seomra leapa atá sa teach?

❸ Cé mhéad seomra folctha atá thuas staighre?

❹ Céard atá ar thaobh an tí?

❺ Cathain a chaitheann siad a lán ama sa ghairdín?

Labhair amach ... labhair os ard!

Iarr ar gach dalta na ceisteanna thíos a chur ar dhalta amháin sa rang. Caithfidh sé nó sí na freagraí a thabhairt os ard don rang.

An bhfuil seomra suí i do theach?

An bhfuil áiléar i do theach?

An bhfuil seomra áise nó fóchistin i do theach?

An bhfuil seomra teilifíse i do theach?

An bhfuil leithreas thíos staighre i do theach?

An bhfuil seomra staidéir i do theach?

An bhfuil seomra bia i do theach?

Anois scríobh alt faoi theach do charad i do chóipleabhar.

Cúinne na Gramadaí

Rialacha

1 – 6 + séimhiú
7 – 10 + urú
Eisceacht a ghabhann
le 'aon': d, n, t, l, s

Le foghlaim! Ag comhaireamh

Ceist: Cé mhéad seomra leapa atá i do theach?
Freagra: Tá dhá sheomra leapa i mo theach.

Sampla 1	Sampla 2	Sampla 3
aon seomra	aon **ch**istin	aon **gh**aráiste
dhá **sh**eomra	dhá **ch**istin	dhá **gh**aráiste
trí **sh**eomra	trí **ch**istin	trí **gh**aráiste
ceithre **sh**eomra	ceithre **ch**istin	ceithre **gh**aráiste
cúig **sh**eomra	cúig **ch**istin	cúig **gh**aráiste
sé **sh**eomra	sé **ch**istin	sé **gh**aráiste
seacht seomra	seacht **g**cistin	seacht **n**garáiste
ocht seomra	ocht **g**cistin	ocht **n**garáiste
naoi seomra	naoi **g**cistin	naoi **n**garáiste
deich seomra	deich **g**cistin	deich **n**garáiste

Cleachtadh ag scríobh

Líon na bearnaí thíos.

❶ Tá (3 seomra leapa) _____ i dteach mo charad.

❷ Tá (7 garáiste) _____ in aice na scoile.

❸ Tá (2 seomra folctha) _____ i mo theach.

❹ Tá (4 cistin) _____ ar scoil.

❺ Tá (10 seomra ranga) _____ i mo scoil.

❻ Tá (2 garáiste) _____ ar thaobh an tí.

Sampla 4
aon leithreas
dhá leithreas
trí leithreas...

Téigh chuig leathanach 13 chun níos mó oibre a dhéanamh ar na huimhreacha.

Cluastuiscint CD 1 Rian 17–19

Éist go cúramach leis na giotaí cainte ar an dlúthdhiosca, agus ansin freagair na ceisteanna seo thíos. Cloisfidh tú gach giota dhá uair.

Mír 1

1 Cén saghas tí atá ag Úna?

 **a**   **b**    **c**

2 Céard atá ar thaobh an tí?

3 Cathain a thagann a cairde chuig an teach?

Mír 2

1 Cá bhfuil an teach nua suite?

a    **b**    **c**

2 Ainmnigh dhá sheomra atá sa teach nua.

3 Cá dtéann siad gach lá sa samhradh?

Scrúdú cainte gearr

Éist leis an dlúthdhiosca – CD 1 Rian 46. Déan an scrúdú cainte gearr thíos agus ansin scríobh na freagraí i do chóipleabhar.

1 Cén saghas tí atá agat?
2 Cá bhfuil an teach suite?
3 An bhfuil an teach suite in aice na farraige?
4 Déan cur síos ar an teach.
5 An bhfuil áiléar sa teach?
6 An bhfuil cúlghairdín agaibh?
7 An bhfuil gairdín os comhair an tí?
8 Ainmnigh na seomraí atá sa teach.

Ceol agus cultúr na hÉireann

Éist leis an scéal thíos ar dhlúthdhiosca an mhúinteora rian 2 agus ansin freagair na ceisteanna ar leathanach 85.

Teach na sióg

Bhí teach nua á thógáil ag Daid don chlann. Bhí na páistí ar bís ach ní raibh Mamó sásta. 'Ní féidir an teach a thógáil san áit sin,' ar sise. 'Tá cónaí ar na sióga ansin. Ná leag **na driseacha** sin. **Ní bheidh aon rath ort** má chuireann tú isteach ar na sióga.' Níor chreid éinne an scéal sin agus lean siad ar aghaidh leis an teach breá nua.

Bhí **cóisir mhór** ar siúl an chéad oíche a bhí an chlann sa teach. Tháinig **na comharsana** agus bhí bia agus deoch ag gach duine. Thosaigh na daoine óga ag rince agus ag canadh. Díreach ag meánoíche d'éirigh an spéir dubh dorcha. Shéid **gaoth nimhneach** timpeall an tí. Chuala na daoine **cnagadh** ag teacht ón díon, ón simléar agus ó na ballaí. '**Na sióga**,' arsa Mamó, 'Imígí go tapa ón áit seo.' Rith gach duine amach **láithreach**.

D'fhéach Áine timpeall agus chonaic sí an teach ag titim as a chéile. Shiúil an chlann ar ais go dtí an seanteach. Ní dheachaigh siad in aice an tí nua arís mar bhí eagla orthu. Tar éis tamaill **d'fhás na driseacha in athuair agus chlúdaigh siad an fothrach**. Ba leis na sióga an áit arís!

Cabhair!

na driseacha	the bushes	**ní bheidh aon rath ort**	you won't do well
cóisir mhór	big party	**na comharsana**	the neighbours
gaoth nimhneach	strong wind	**cnagadh**	knocking
láithreach	immediately	**na sióga**	the fairies
d'fhás na driseacha in athuair agus chlúdaigh siad an fothrach		the hedges grew again and covered the ruins	

Cleachtadh ag scríobh

❶ **Freagair na ceisteanna thíos.**
   a) Céard a bhí á thógáil ag Daid don chlann?
   b) Cén fáth nach raibh Mamó sásta?
   c) Céard a bhí ar siúl an chéad oíche a bhí an chlann sa teach nua?
   d) Céard a chuala na daoine ag teacht ón díon?
   e) Nuair a d'fhéach Áine timpeall céard a chonaic sí?

❷ **Obair ealaíne**
   Tarraing pictiúr den scéal seo agus croch na pictiúir sa seomra ranga.

❸ **Líon na bearnaí.**
   a) Dúirt Mamó go raibh cónaí ar na _____ sa teach.
   b) Níor chreid éinne an scéal agus lean siad ar aghaidh leis an _____ nua.
   c) Tháinig na comharsana agus bhí bia agus _____ ag gach duine.
   d) Díreach ag meánoíche d'éirigh an spéir dubh _____.
   e) Rith gach _____ amach láithreach.

❹ **Drámaíocht sa rang**
   Déan dráma den scéal 'Teach na Sióg' sa rang.

❺ **Ar thaitin an scéal seo leat? An bhfuil scéal eile ar eolas agat? Bain úsáid as na haidiachtaí thíos chun an freagra a scríobh i do chóipleabhar.**

suimiúil	interesting	greannmhar	funny
scanrúil	frightening	iontach	wonderful

Sampla 1 Thaitin an scéal go mór liom. Bhí sé greannmhar agus suimiúil.
Sampla 2 Níor thaitin an scéal go mór liom. Bhí sé scanrúil.

85

Fógra

Léigh an fógra thíos agus freagair na ceisteanna a ghabhann leis.

TEACH AR DÍOL

An Abhainn Dhubh,
Co. Loch Garman
Teach scoite suite in aice na farraige
*Ceithre sheomra leapa,
dhá sheomra folctha,
seomra suí, seomra teilifíse
agus cistin mhór
Gairdín mór ar chúl an tí le
bláthanna agus crainn
rósanna*

**Tuilleadh eolais: cuir glao ar
Áine de Staic 085–68790**

❶ Cén saghas tí atá ar díol? _____
❷ Cá bhfuil an teach suite? _____
❸ Cé mhéad seomra leapa atá sa teach? _____
❹ Céard atá sa ghairdín ar chúl an tí? _____
❺ Conas is féidir tuilleadh eolais a fháil? _____

Déan cur síos ar an bpictiúr thuas sa rang.

Obair ealaíne

Tarraing fógra do theach atá ar díol i do chóipleabhar.

An seomra suí

Déan cur síos ar an bpictiúr thíos sa rang.

Téigh go dtí edco.ie/iontas1 chun idirghníomhaíochtaí a dhéanamh.

teilifís	pictiúr	scáthán	radaitheoir	lampa	dallóg
leabhragán	solas	cuirtíní	cathaoir uilleann	matal	tolg
tine gháis	ruga	bord	urlár adhmaid	cathaoireacha	bord caife

Cleachtadh ag scríobh

❶ Féach ar an bpictiúr ar leathanach 87 agus líon na bearnaí thíos.

Tar éis mo chuid obair bhaile a dhéanamh suím ar an _____ agus féachaim ar an _____ sa seomra suí. Is aoibhinn liom an seomra suí. Tá _____ agus cuirtíní ar na fuinneoga. Tá bord _____ i lár an urláir. Nuair a éiríonn sé dorcha lasaim an _____ agus an tine gháis. Tá a lán leabhar sa _____ sa seomra suí. Léann mo thuismitheoirí na leabhair nuair a bhíonn an t-am acu. Is seomra compordach é an seomra suí. Tá _____ i lár an urláir.

leabhragán, tolg, lampa, teilifís, dallóg, ruga, caife

❷ Léigh na habairtí thíos agus cuir isteach an focal ceart.

a) Os cionn an mhatail tá _____.

b) Tá bord agus _____ ag bun an tseomra.

c) Tá an cailín ina suí ar an _____.

d) Tá an buachaill ina shuí ar an _____.

e) Tá na _____ ar oscailt agus is féidir an gairdín a fheiceáil.

Cluiche

❸ Téigh timpeall an ranga agus ainmnigh gach rud atá i do sheomra suí.

Tá bord agus cathaoireacha i mo sheomra suí ... Tá bord agus cathaoireacha agus tolg i mo sheomra suí ... Tá bord agus cathaoireacha, tolg agus scáthán i mo sheomra suí ... **Lean ar aghaidh anois ...**

Obair ealaíne

❹ Faigh seanbhosca agus cruthaigh (create) seomra suí beag. Aimsigh (find) seanphíosaí éadaigh agus cuir gach rud ann atá i do sheomra suí sa bhaile.

Léamhthuiscint Mo sheomra leapa – Aodh Ó Mainnín

Léigh an t-alt thíos agus freagair na ceisteanna a ghabhann leis.

leaba

cuilt

piliúr

vardrús

cithfholcadh

doirteal

taisceadán

ruga

pitseamaí

deasc

leithreas

folcadán

tuáille

Is fuath liom mo sheomra leapa! Tá sé róbheag agus **mínéata**. Ní bhíonn an t-am agam an seomra a ghlanadh agus bíonn mo Mham **ag gearán**!
Déanaim mo chuid obair bhaile i mo sheomra leapa freisin agus nuair a thagann mo chairde chuig an teach éistimid le ceol ann. I lár an tseomra tá leaba beag agus taisceadán. Ar an urlár tá ruga ildaite. Cuirim mo chuid éadaigh sa vardrús anois is arís!
Tá seomra folctha agam freisin. Tá leithreas, folcadán, cithfholcadh agus doirteal ann. Ní bhíonn cead ag mo dheartháir Peadar mo sheomra leapa a úsáid.

❶ Cén fáth nach maith le hAodh a sheomra leapa?
❷ Cén fáth a mbíonn a Mham ag gearán?
❸ Cá ndéanann sé a chuid obair bhaile?
❹ Céard atá i lár an urláir?
❺ Cá gcuireann Aodha a chuid éadaigh?
❻ An mbíonn cead ag deartháir Aodha a sheomra folctha a úsáid?

Tarraing pictiúr de do sheomra leapa i do chóipleabhar agus scríobh alt faoi.

Labhair amach ... labhair os ard!

Déan cur síos ar do sheomra leapa don rang.

Cabhair!

mínéata   untidy   ag gearán   complaining

An chistin

Meaitseáil

Meaitseáil na pictiúir agus na focail thíos.

a) taephota   **b)** cupán   **c)** babhla   **d)** forc

e) corcán   **f)** spúnóg   **g)** scian   **h)** crúiscín

i) pláta   **j)** sásar   **k)** gloine

1	2	3	4	5	6	7	8	9	10	11

Labhair amach ... labhair os ard!

Freagair na ceisteanna thíos.

❶ *Nuair a leagann tú an bord don dinnéar céard a chuireann tú ar an mbord?*

❷ *Nuair a leagann tú an bord don bhricfeasta céard a chuireann tú ar an mbord?*

❸ *Nuair a leagann tú an bord don tae céard a chuireann tú ar an mbord?*

Sampla

Nuair a leagaim an bord don dinnéar cuirim ceithre phláta, ceithre fhorc agus ceithre scian ar an mbord. Ansin faighim ceithre ghloine ón gcófra agus leagaim ar an mbord iad. Cuirim salann (salt) ar an mbord freisin.

Cleachtadh ag scríobh

Déan liosta de na soithí (dishes) atá sa chófra i do chistin. Scríobh an liosta i do chóipleabhar. Ansin tarraing pictiúr den chófra agus ainmnigh na soithí.

Labhair amach ... labhair os ard!

Aimsigh na difríochtaí sa dá phictiúr ar dheis.

I bpictiúr a haon tá ceithre phláta agus tá dhá bhabhla i bpictiúr a dó. I bpictiúr a haon tá ... agus ...

a)   b)

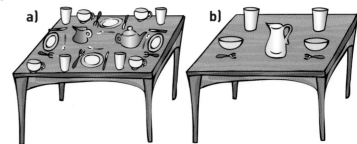

An chistin

sconna

doirteal

miasniteoir

meaisín níocháin

bosca bruscair

bruthaire

oigheann

cuisneoir

reoiteoir

Cleachtadh ag scríobh

Líon na bearnaí thíos.

a) Níonn daoine éadaigh sa _____ _____.

b) Cuireann tú an bruscar sa _____ _____.

c) Bíonn an bainne sa _____.

d) Casann tú na sconna agus líonann tú an _____ le huisce.

e) Níonn tú na soithí sa _____.

Cabhair!

doirteal	sink
sconna	taps
oigheann	oven
cuisneoir	fridge
reoiteoir	freezer
bosca bruscair	rubbish bin
bruthaire	cooker
miasniteoir	dishwasher
meaisín níocháin	washing machine

Labhair amach ... labhair os ard!

❶ Déan cur síos ar an bpictiúr thuas os ard sa rang.

❷ Déan liosta de na háiseanna (facilities) atá i do chistin sa bhaile agus ansin scríobh alt gearr i do chóipleabhar faoin gcistin.

Céard atá sa chuisneoir?

Cleachtadh ag scríobh

❶ Féach sa chuisneoir agus freagair na ceisteanna thíos.
a) Ainmnigh na deochanna atá sa chuisneoir.
b) Ainmnigh na glasraí atá sa chuisneoir.
c) Céard a chuireann tú ar arán?
d) Ainmnigh na torthaí atá sa chuisneoir.
e) An bhfuil aon fheoil (meat) sa chuisneoir?
f) An bhfuil iasc (fish) sa chuisneoir?
g) An bhfuil aon bhia don bhricfeasta sa chuisneoir?
h) Céard atá sa chuisneoir don dinnéar agus don lón?

❷ Tarraing cuisneoir i do chóipleabhar agus tarraing an bia a chuireann tú i do chuisneoir.

Cabhair!

ispíní	sausages	slisíní	rashers
sicín	chicken	úlla	apples
oráistí	oranges	cairéid	carrots
prátaí	potatoes	uachtar	cream
uibheacha	eggs	bananaí	bananas
bainne	milk	uisce	water
sú oráiste	orange juice	piorraí	pears
caora fíniúna	grapes	cáis	cheese
im	butter	muisiriúin	mushrooms
oinniúin	onions	leitís	lettuce
cabáiste	cabbage	píotsa	pizza

Labhair amach ... labhair os ard!
An maith leat ceapairí?

Cén saghas ceapaire a thaitníonn leat?
Conas a dhéanann tú an ceapaire sin?

Sampla

Is aoibhinn liom ceapaire cáise.
Faigheann tú arán agus cuireann tú an t-im ar an arán. Ansin gearrann tú an cháis agus cuireann tú an cháis ar an arán.

Cárta poist

Leagan amach an chárta poist

A Bhriain, a chara,

Beannú

seoladh

Lár an chárta

Brian De Bhaldraithe

154 Bóthar na hAille

Inis Corthaidh

Co. Loch Garman

Slán go fóill,
Niall

Críoch an chárta

Tús an chárta / Beannú	Lár an chárta
A Mham agus a Dhaid,	Ar chuala tú an nuacht? – *Did you hear the news?*
A Phádraig, a chara,	Seán ag scríobh chugat ó Loch Garman – *Seán writing to you from Wexford*
A Áine, a chara,	Tá teach nua againn faoin tuath – *We have a new house in the country*
Conas atá cúrsaí?	Tá a lán áiseanna sa teach – *There are a lot of facilities in the house*
	Tá an teach suite in aice na farraige – *The house is situated beside the sea*
	Tá mo sheomra leapa an-mhór – *My bedroom is very big*
Beannachtaí ó Chorcaigh *Greetings from Cork*	Ar mhaith leat deireadh seachtaine a chaitheamh liom sa teach nua? – *Would you like to spend a weekend with me in the new house?*

Críoch an chárta
Caithfidh mé imeacht anois – *I have to go now*
slán go fóill,
le grá,
do chara buan – *your good friend*

Léamhthuiscint

Cárta samplach

Léigh an cárta poist thíos agus ansin freagair na ceisteanna a ghabhann leis.

A Chlíona, a chara,

Máire anseo. Tá mé ag scríobh chugat ó Cheatharlach. Bhog mo theaghlach go teach nua trí mhí ó shin. Is aoibhinn linn an teach. Tá cistin mhór, seomra suí agus seomra teilifíse thíos staighre. Thuas staighre tá ceithre sheomra leapa. Ar mhaith leat teacht chuig mo theach don deireadh seachtaine?

Scríobh chugam go luath,

Slán go fóill,

Máire

Clíona Ní Áinle

22 Sráid na Siopaí

Sligeach

Co. Shligigh

Cabhair!

tá mé ag scríobh chugat	I am writing to you
bhog mo theaghlach	my family moved
trí mhí ó shin	three months ago
scríobh chugam go luath	write to me soon

❶ Cá bhfuil Máire ina cónaí?
❷ Ainmnigh na seomraí atá thíos staighre sa teach.
❸ Cé mhéad seomra leapa atá sa teach?
❹ Cén cuireadh (invitation) a thugann Máire do Chlíona?

Cleachtadh ag scríobh

Seol cárta poist chuig do chara agus déan cur síos ar do theach nua. Bain úsáid as na nótaí san aonad seo.

Cluastuiscint CD 1 Rian 20–22

Éist go cúramach leis na giotaí cainte ar an dlúthdhiosca, agus ansin freagair na ceisteanna seo thíos. Cloisfidh tú gach giota dhá uair.

Mír 1

1 Cén seomra atá i gceist anseo?

2 Ainmnigh rud amháin atá ar an urlár.

3 Cár fhág Peadar a bhosca lóin?

Mír 2

1 Cá bhfuil teach Eibhlín?

2 Cén seomra is fearr léi?

3 Cén fáth nach maith le hEibhlín a seomra leapa?

Scrúdú cainte gearr

Éist leis an dlúthdhiosca – CD 1 Rian 47. Déan an scrúdú cainte gearr thíos agus ansin scríobh na freagraí i do chóipleabhar.

1 Cén seomra is fearr leat sa teach?
2 Cén fáth ar maith leat an seomra sin?
3 Déan cur síos ar an seomra suí.
4 Céard a dhéanann tú sa seomra suí?
5 Déan cur síos ar do sheomra leapa.
6 An bhfuil seomra leapa mór agat?
7 An roinneann tú an seomra? (Do you share the room?)
8 Déan cur síos ar do chistin.
9 Cén saghas ceapairí a bhíonn agat don lón?
10 Céard atá i do chuisneoir sa bhaile?

95

Súil siar ar Aonad a Ceathair

❶ Líon na bearnaí thíos.

a) Tá cónaí ar mo chara i dteach _____.

b) Is teach _____ é.

c) Tá an teach suite ar _____ na cathrach.

d) Os comhair an tí tá _____ beag.

e) Tá a lán _____ sa teach.

f) Thíos staighre tá seomra suí, seomra bia agus _____ mhór.

g) Thuas staighre tá trí sheomra _____ agus seomra folctha.

imeall, seomraí, scoite, gairdín, cistin, leapa, mór

❷ Léigh na habairtí thíos agus líon isteach an focal ceart.

a) Cuireann tú bainne, im agus cáis sa _____.

b) Codlaíonn tú ar _____.

c) Cuireann tú do dhinnéar ar _____.

d) Itheann tú do dhinnéar le scian agus _____.

e) Níonn tú na soithí sa _____.

❸ Meaitseáil na focail agus na pictiúir thíos.

a.

c.

e.

g.

b.

d.

f.

h.

i.

j.

k.

l.

m.

n.

1. slisíní	2. ispíní	3. oráistí	4. píotsa	5. uibheacha	6. úlla	7. sú oráiste
8. arán	9. leitís	10. cáis	11. bainne	12. prátaí	13. muisiriúin	14. sicín

❹ Scríobh alt i do chóipleabhar faoi do theach.

Is glas iad na cnoc i bhfad uain.

Na foirgnimh sa bhaile mór

Labhair amach ... labhair os ard!

Déan cur síos ar an bpictiúr thíos sa rang.

ollscoil

oifig an fhiaclóra

scoil

bialann

ospidéal

ionad pobail

leabharlann

príomhshráid

soilse tráchta

stáisiún na nGardaí

stáisiún dóiteáin

teach tábhairne

oifig

club óige

óstán

banc

Ascall Naomh Pádraig

Sráid na Siopaí

monarcha

amharclann

linn snámha

pictiúrlann

séipéal

ionad spóirt

Bóthar an tSéipéil

stáisiún traenach

98

Obair ealaíne

Tarraing baile nó sráidbhaile (village) i do chóipleabhar. Tarraing na foirgnimh (buildings).

Cleachtadh ag scríobh

1 **Féach ar an bpictiúr ar leathanach 98 agus freagair na ceisteanna thíos.**

Ceist: Cá dtéann daoine …? **Freagra:** Téann daoine …

a) Cá dtéann daoine chun béile a ithe?
   i) amharclann **ii)** ospidéal **iii)** bialann ☐

b) Cá dtéann daoine chun scannán a fheiceáil?
   i) teach tábhairne **ii)** pictiúrlann **iii)** banc ☐

c) Cá dtéann daoine ag snámh?
   i) linn snámha **ii)** séipéal **iii)** leabharlann ☐

d) Cá dtéann daoine chun dráma a fheiceáil?
   i) pictiúrlann **ii)** amharclann **iii)** óstán ☐

e) Cá dtéann daoine chun bia a cheannach?
   i) ollmhargadh **ii)** scoil **iii)** stáisiún traenach ☐

2 **Féach ar an bpictiúr agus freagair na ceisteanna thíos.**

Ceist: Cá bhfuil an t-ospidéal? **Freagra:** Tá an t-ospidéal ar an bpríomhshráid.

a) Cá bhfuil an club óige?

b) An bhfuil an t-ospidéal ar Shráid na Siopaí?

c) Ainmnigh na foirgnimh ar Ascaill Naomh Pádraig.

d) Cá bhfuil an linn snámha?

e) Ainmnigh na foirgnimh ar an bpríomhshráid.

3 Fíor nó bréagach?	Fíor	Bréagach
a) An bhfuil an teach tábhairne agus an bhialann in aice a chéile?	☐	☐
b) An bhfuil an scoil os comhair an tséipéil?	☐	☐
c) An bhfuil an t-ollmhargadh ar an bpríomhshráid?	☐	☐
d) An bhfuil an linn snámha in aice leis an mbanc?	☐	☐

Cluiche

Sa bhaile mór, tá banc …

Sa bhaile mór, tá banc agus ollmhargadh …

Téigh go dtí edco.ie/iontas1 chun idirghníomhaíochtaí a dhéanamh.

Lean ar aghaidh timpeall an ranga. Bain taitneamh as!

Na háiseanna sa bhaile mór

Labhair amach ... labhair os ard!

Cuir na ceisteanna thíos ar na daltaí os ard sa rang agus ansin iarr orthu na freagraí a scríobh ina gcóipleabhair.

1 Cá bhfuil tú i do chónaí?

a) sa chathair ☐   b) sa bhaile ☐   c) faoin tuath ☐

2 An bhfuil na stáisiúin thíos i d'áit chónaithe? Cuir tic sa bhosca ceart.

a) stáisiún dóiteáin ☐   b) stáisiún traenach ☐   c) stáisiún na nGardaí ☐

3 An bhfuil na háiseanna spóirt thíos i d'áit chónaithe?

a) linn snámha ☐   b) ionad spóirt ☐   c) club óige ☐

4 An bhfuil na foirgnimh thíos i d'áit chónaithe?

a) oifig ☐   b) monarcha ☐   c) óstán ☐

5 An bhfuil na háiseanna thíos do dhaoine atá tinn sa cheantar (in the area)?

a) ospidéal ☐   b) oifig an fhiaclóra ☐   c) ionad sláinte ☐

6 An bhfuil na háiseanna thíos do dhaoine óga i do cheantar?

a) scoil ☐   b) ollscoil ☐   c) leabharlann ☐

Sampla

Déan cur síos ar d'áit chónaithe don rang. Léigh an sampla thíos.

Is mise Aoife. Tá cónaí orm sa chathair. Is aoibhinn liom an chathair. Tá a lán áiseanna do dhaoine óga sa chathair. Tá club óige agus pictiúrlann i mo cheantar agus téim chuig an gclub óige gach Satharn le mo chairde. Uair sa mhí téim chun scannán a fheiceáil sa phictiúrlann.

Tá a lán áiseanna do dhaoine fásta sa cheantar freisin. Tá teach tábhairne, leabharlann, amharclann agus bialann sa chathair. Is aoibhinn le mo thuismitheoirí oíche Shathairn a chaitheamh sa bhialann áitiúil (local).

Aoife

1 Cá bhfuil cónaí ar Aoife?

2 Ainmnigh na háiseanna do dhaoine óga atá sa cheantar sin.

3 Cathain a théann sí chuig an bpictiúrlann?

4 Céard a dhéanann a tuismitheoirí oíche Shathairn?

Cleachtadh ag scríobh

❶ Líon na bearnaí thíos.

I mo cheantar tá a lán áiseanna do dhaoine óga. Tá _____ agus

_____ sa cheantar. Ag an deireadh seachtaine téann daoine

óga chuig an _____. Téann daoine fásta chuig an

_____ ag an deireadh seachtaine. Nuair a bhíonn daoine tinn téann

siad chuig an _____. Téann mo thuismitheoirí chuig an

_____ chun siopadóireacht na seachtaine a dhéanamh. Má

tá mo thuismitheoirí ag iarraidh billí a íoc nó airgead a fháil téann siad chuig an

_____.

mbanc, ollmhargadh, scoil, gclub óige, amharclann, ionad spóirt, ospidéal

Le foghlaim!

Tá na háiseanna do dhaoine óga go hiontach i mo cheantar.	The facilities are wonderful for young people in my area.
Tá na háiseanna do dhaoine fásta go maith i mo cheantar.	The facilities for adults are good in my area.
Tá siopaí de gach saghas sa cheantar.	There are shops of every type in the area.
I lár an bhaile tá ionad pobail, séipéal agus bialann.	In the centre of town there is a community centre, church and restaurant.
Ar imeall an bhaile tá pictiúrlann agus ionad spóirt.	On the outskirts of town there is a cinema and sports centre.
Tá teach tábhairne agus óstán ar an bpríomhshráid.	There is a pub and a hotel on the main street.
Is ceantar beomhar é.	It is a lively area.

❷ Scríobh alt gearr i do chóipleabhar faoi d'áit chónaithe. Bain úsáid as na nótaí thuas.

Craic sa rang

Féach ar *Aifric* sa rang ar DVD an mhúinteora.

Cúinne na Gramadaí

Le foghlaim! Séimhiú

Leanann séimhiú (h) na focail seo thíos go hiondúil.
ar, do, sa, mo, a (his), aon, dó, trí, ceithre, cúig, sé, an-, ró.

Cleachtadh ag scríobh

Líon na bearnaí thíos.

a) Tá (mo cara) _____ ina cónaí (ar Sráid) _____ an Chnoic.

b) Tá (ceithre seomra) _____ folctha i (mo teach) _____.

c) Bhí an scrúdú mata (an-éasca) _____ ar scoil inniu.

d) Ar thug (do deartháir) _____ cárta breithlae duit?

e) Tá seomra leapa (mo cara) _____ (an-mór) _____.

f) Chonaic mé (cúig éan) _____ (sa cúlghairdín) _____.

g) Tá (dhá seomra) _____ suí i dteach m'aintín.

h) Tá (sé cóipleabhar) _____ agus (dhá peann) _____ agam.

i) Tá carr (mo Daid) _____ (ró mór) _____ agus ní féidir liom é a thiomáint.

Teigh chuig leathanach 271 chun níos mó oibre a dhéanamh ar an séimhiú.

Cluastuiscint CD 1 Rian 23–25

Éist go cúramach leis na giotaí cainte ar an dlúthdhiosca, agus ansin freagair na ceisteanna seo thíos. Cloisfidh tú gach giota dhá uair.

Mír 1

1 Céard a bheidh ar siúl?

 **a**  **b**  **c**

2 Cathain a bheidh na ticéid ar díol?

3 Cé mhéad a bheidh ar na ticéid do dhaltaí?

Mír 2

1 Cá dtéann Seán gach deireadh seachtaine?

 **a**  **b**  **c**

2 Céard a dhéanann a thuismitheoirí gach Aoine?

3 Cathain a théann a thuismitheoirí chuig an teach tábhairne?

Scrúdú cainte gearr

Éist leis an dlúthdhiosca – CD 1 Rian 48. Déan an scrúdú cainte gearr thíos agus ansin scríobh na freagraí i do chóipleabhar.

1 An raibh tú riamh in oifig an phoist?

2 An dtéann tú chuig an ollmhargadh go rialta (regularly)?

3 An maith leat an tsiopadóireacht?

4 An bhfuil club óige i do cheantar? An dtéann tú ann?

5 Cé mhéad scoil atá i d'áit chónaithe?

6 Cathain a théann tú chuig an bpictiúrlann?

7 Cé mhéad bialann atá sa cheantar seo?

Ag siopadóireacht san ollmhargadh

leitís

gairleog

plumaí

trátaí

bananaí

cóilis

piseanna

mealbhacán

cairéid

silíní

bainne

piorraí

oráistí

bachlóga Bhruiséile

prátaí

uachtar

sútha talún

cabáiste

uibheacha

sútha craobh

im

úlla

cáis

caora fíniúna

fíon

sú oráiste

calóga arbhair

iógart

plúr

subh

spaigití

siúcra

rís

brioscaí

arán

burgair

griscíní muiceola

liamhás

sicín

cáca

iasc sliogáin

uaineoil

ispíní

stéig

trosc

Le foghlaim!

trosc	cod	**griscíní muiceola**	pork chops	**iasc sliogáin**	shell fish
plúr	flour	**calóga arbhair**	cornflakes	**iógart**	yoghurt
cóilis	cauliflower	**uaineoil**	lamb	**uachtar**	cream

Liosta siopadóireachta

Cleachtadh ag scríobh

Labhair amach ... labhair os ard!

1 Déan liosta den bhia a cheannaíonn tú san ollmhargadh. Má tá cabhair uait bain úsáid as an bhfoclóir (dictionary) nó focal.ie. Léigh amach an liosta don rang. Tá cabhair ar fáil ar leathanach 104.

Tosaigh mar seo: *Nuair a théim chuig an ollmhargadh ceannaím* _____.

2 Cuir na ceisteanna thíos ar do chara sa rang agus ansin scríobh na freagraí i do chóipleabhar.

Ceist: Ainmnigh na torthaí (fruits) a cheannaíonn tú san ollmhargadh.
Freagra: Ceannaím úlla, piorraí agus oráistí san ollmhargadh.

a) Ainmnigh na torthaí a cheannaíonn tú san ollmhargadh.
b) Ainmnigh na glasraí (vegetables) a cheannaíonn tú san ollmhargadh.
c) Céard a cheannaíonn tú ón gcuisneoir san ollmhargadh?
d) An gceannaíonn tú cáca nó brioscaí san ollmhargadh?
e) An gceannaíonn tú feoil (meat) nó iasc (fish) san ollmhargadh?

An maith leat?

Cuir na ceisteanna thíos ar na daltaí sa rang.
Ceist: An maith leat feoil?
Freagra: Is maith liom feoil ach is fearr liom iasc.

1 An maith leat cáis?
2 An maith leat spaigití?
3 An maith leat liamhás?
4 An maith leat píotsa?
5 An maith leat stéig?
6 An maith leat uibheacha?
7 An maith leat cabáiste?

Craic sa rang

Críochnaigh an abairt thíos.
Nuair a théim chuig an ollmhargadh ceannaím arán. Nuair a théim chuig an ollmhargadh ceannaím arán agus im. Nuair a théim chuig an ollmhargadh ceannaím arán, im agus ...
Lean ar aghaidh timpeall an ranga!

Léamhthuiscint Ag siopadóireacht san ollmhargadh

Léigh an t-alt thíos agus freagair na ceisteanna a ghabhann leis.

Is aoibhinn liom an Aoine. Téimid chuig an ollmhargadh chun siopadóireacht na seachtaine a dhéanamh. Faigheann mo dheartháir Lorcán an tralaí ag doras an ollmhargaidh agus tosaímid á líonadh.

I dtosach cuirimid bainne, im, cáis agus iógart sa tralaí agus ina dhiaidh sin téann mo thuismitheoirí chun labhairt leis an mbúistéir. Ceannaíonn mo Mham stéig agus uaineoil agus ansin piocann sí sicín agus liamhás. Ansin cabhraím le mo thuismitheoirí na torthaí agus na glasraí a roghnú. Is aoibhinn liom oráistí agus is aoibhinn le mo dhearthair úlla. Ansin roghnaíonn mo thuismitheoirí na glasraí don dinnéar. Céannaíonn siad prátaí, cóilis agus cairéid.

Is breá liom an dinnéar a ullmhaíonn mo Mham ar an Domhnach. Bíonn prátaí rósta againn chomh maith le huaineoil, cairéid agus cóilis. Ina dhiaidh sin bíonn sútha talún agus uachtar againn.

❶ Cá dtéann an teaghlach gach Aoine?
❷ Cá bhfaigheann Lorcán an tralaí?
❸ Céard a cheannaíonn Mam ón mbúistéir?
❹ Céard iad na glasraí a cheannaíonn siad san ollmhargadh?
❺ Céard a bhíonn acu don phríomhchúrsa (main course) don dinnéar ar an Domhnach?

Cabhair!

tralaí	trolley
ag líonadh	filling
an búistéir	butcher
prátaí rósta	roast potatoes

Biachlár

Tarraing biachlár i do chóipleabhar le réamhchúrsa (starter), príomhchúrsa (main course) agus milseog.

Biachlár

Réamhchúrsa
Sailéad le trátaí agus sicín

Príomhchúrsa
Stéig le prátaí agus cairéid

Milseog
Sútha talún le huachtar

Ag siopadóireacht san ionad siopadóireachta

Meaitseáil

Meaitseáil na pictiúir agus na focail thíos.

siopa poitigéara	siopa bróg	siopa spóirt
siopa faisin	siopa troscáin	siopa seodóra
gruagaire	siopa fón	siopa leabhar

Cluiche – Searáidí sa rang

Pioc amach siopa as an liosta thuas agus tar chuig barr an ranga. Bain úsáid as do lámha chun cur síos a dhéanamh ar an siopa.

Téigh go dtí edco.ie/iontas1 chun idirghníomhaíochtaí a dhéanamh.

Cleachtadh ag scríobh

❶ Líon na bearnaí thíos.

Téim chuig an ionad _____ le mo chara gach Satharn. Faighimid an bus ar a leathuair tar éis a _____ agus sroicheann an bus Ionad Siopadóireachta na Páirce ar a haon déag. I dtosach téimid chuig an siopa _____. Ní bhíonn a lán airgid againn ach anois is arís ceannaímid liathróid nó camán nó bróga reatha. Ansin bíonn lón againn. Ithimid _____ agus sceallóga agus ansin téimid chuig an siopa faisin. Nuair a bhíonn sladmhargadh ar siúl ceannaímid t-léine nó geansaí spraoi. I lár an tráthnóna buailimid lenár gcairde scoile agus téimid le chéile chuig stad an _____.

spóirt, siopadóireachta, bhus, burgar, deich

Cabhair!

bróga reatha	runners
sceallóga	chips
sladmhargadh	sale
t-léine	t-shirt

❷ Léigh an liosta thíos agus scríobh an siopa ceart.

a) Cá gceannaíonn daoine péint, tairní (nails) agus adhmad (wood)?

_____

b) Cá dtéann daoine chun stampa a cheannach?

_____

c) Cá dtéann daoine chun citeal (kettle) a cheannach?

_____

d) Cén siopa a dhíolann rothair?

_____

e) Cén siopa a dhíolann nuachtáin agus irisí (magazines)?

_____

f) Cá gceannaíonn daoine feoil?

_____

 Cabhair!

siopa búistéara	butcher's shop	siopa rothar	bicycle shop
siopa crua-earraí	hardware shop	siopa nuachtán	newsagent
siopa leictreach	electrical shop	oifig an phoist	the post office

❸ Déan liosta de na siopaí atá san ionad siopadóireachta i do cheantar.

Fógra

Léigh an fógra thíos agus freagair na ceisteanna a ghabhann leis.

❶ Cá mbeidh díolachán an gheimhridh ar siúl?

❷ Cén t-am a thosóidh an díolachán?

❸ Cé mhéad a bheidh ar bhríste géine?

❹ Céard a gheobhaidh gach custaiméir a thagann isteach roimh a deich a chlog?

Cabhair!

díolachán	sale
bríste géine	jeans
geansaí spraoi	sweatshirt
dearbhán	voucher

Díolachán an Gheimhridh

**Ionad Siopadóireachta na Páirce
Cluain Meala
Siopa Faisin Uí Néill**

Ag tosú ar a 9.00 ar an 2 Eanáir

t-léinte €5	bríste géine €20
geansaithe spraoi €15	léinte €25

Dearbhán €10 do gach custaiméir a thagann isteach roimh a deich a chlog

Lúbra

Aimsigh na focail sa lúbra seo.

- gruagaire
- búistéir
- banc
- rothar
- siopa
- ollmhargadh
- óstán

G	O	L	L	M	H	A	R	G	A	D	H
R	O	T	H	A	R	S	I	O	P	A	R
U	L	B	F	T	N	A	P	P	É	I	O
A	H	O	A	Á	P	M	S	L	É	G	Ó
G	I	P	T	N	L	E	O	T	N	D	A
A	P	S	S	O	C	J	S	H	H	L	L
I	Ó	G	D	E	T	I	Q	I	A	F	B
R	C	R	P	M	Ú	R	B	E	D	Y	É
E	Ó	T	Í	B	Á	C	M	Í	A	L	P

Oifig an phoist Le foghlaim!

Meaitseáil

Meaitseáil na pictiúir agus na focail thíos.

❶  ❷  ❸  ❹

❺  ❻  ❼  ❽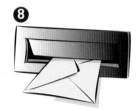

litir	beart
bosca litreach	cárta poist
ceadúnas teilifíse	bille
ríomhaire	stampaí

Craic sa rang – dráma

Déan oifig an phoist as an seomra ranga agus pioc beirt le bheith ag obair taobh thiar den chuntar. Iarr ar na daltaí dul chuig oifig an phoist chun bille a íoc nó stampaí a cheannach nó ceadúnas teilifíse a cheannach. Bain taitneamh as!

Léamhthuiscint Breithlá Liam

Léigh an t-alt thíos agus freagair na ceisteanna a ghabhann leis.

Tháinig fear an phoist chuig mo theach an tseachtain seo caite. Mo bhreithlá a bhí ann. Thug sé beart mór dom chomh maith le cúpla cárta breithlae.

Bhí áthas an domhain orm nuair a d'oscail mé an beart a sheol m'aintín chugam ó Mheiriceá. Bhí dhá gheansaí spraoi ann.

Ansin d'oscail mé na cártaí. Bhí dearbhán €50 i gcárta amháin ó m'uncail i gCorcaigh. Ní dhéanfaidh mé dearmad ar an mbreithlá sin go deo.

❶ Cé a tháinig chuig an teach an tseachtain seo caite?
❷ Céard a bhí ag fear an phoist?
❸ Céard a bhí sa bheart?
❹ Nuair a d'oscail Liam na cártaí céard a chonaic sé?
❺ Cá gcónaíonn a uncail?

Cluastuiscint CD 1 Rian 26–28

Éist go cúramach leis na giotaí cainte ar an dlúthdhiosca, agus ansin freagair na ceisteanna seo thíos. Cloisfidh tú gach giota dhá uair.

Mír 1

1 Cá bhfuil mam ag dul?

 **a**  **b**  **c**

2 Cén t-am a dhúnann an siopa seo?

3 Cár fhág Mam an liosta?

Mír 2

1 Cuir tic sa bhosca ceart.

 **a**  **b**  **c**

2 Cá raibh Áine an mhaidin sin?

3 Nuair a d'oscail Áine an beart céard a chonaic sí?

Scrúdú cainte gearr

Éist leis an dlúthdhiosca – CD 1 Rian 49. Déan an scrúdú cainte gearr thíos agus ansin scríobh na freagraí i do chóipleabhar.

❶ An dtéann tú ag siopadóireacht san ollmhargadh go minic?
❷ Céard a cheannaíonn tú san ollmhargadh?
❸ An bhfuil ionad siopadóireachta i do cheantar?
❹ Ainmnigh na siopaí atá san ionad siopadóireachta.
❺ Cathain a théann tú chuig an ionad siopadóireachta?
❻ An bhfuil oifig an phoist i d'áit chónaithe?
❼ Céard a cheannaíonn daoine in oifig an phoist?

Sraith pictiúr

Cleachtadh ag scríobh

Labhair amach ... labhair os ard!

Déan cur síos ar na pictiúir agus ansin freagair na ceisteanna thíos.

Pictiúr a haon

Sa phictiúr seo tá déagóirí taobh amuigh den leabharlann. Tá siad ag stad an bhus ag feitheamh ar an mbus. Tá beirt chailíní agus beirt bhuachaillí sa phictiúr.

Pictiúr a dó

Tá na déagóirí ag siopadóireacht. Tá siad i siopa faisin. Tá siad ag féachaint ar na héadaí. Tá málaí ina lámha acu.

Pictiúr a trí

Tá na déagóirí i mbialann agus tá siad ag ithe burgar agus sceallóg. Tá siad ag ól líomanóide. Tá siad ag caint le chéile.

Pictiúr a ceathair

Tá na déagóirí ag tuirlingt (alighting) ón mbus. Tá siad sa bhaile arís. Tá déagóir amháin ag féachaint ar a uaireadóir.

❶ Cá bhfuil na déagóirí i bpictiúr a haon?
❷ Cé mhéad déagóir atá ann?
❸ Céard atá á dhéanamh ag na déagóirí i bpictiúr a dó?
❹ Cá bhfuil na déagóirí i bpictiúr a trí?
❺ Céard atá á ithe acu?
❻ I bpictiúr a ceathair cá bhfuil na déagóirí?
❼ Céard atá á dhéanamh ag an mbuachaill?

Léamhthuiscint Nicole Scherzinger

Léigh an t-alt thíos agus freagair na ceisteanna a ghabhann leis.

Nicole Scherzinger

Is bean álainn í Nicole Scherzinger. Rugadh í ar an 29 Meitheamh 1978 i Hawaii. Is aoibhinn le Nicole Hawaii. Nuair a bhí sí óg chaith sí a lán ama lena cairde ar an trá agus ag snámh san fharraige. Bhí an aimsir te agus grianmhar gach lá agus b'aoibhinn léi spóirt a imirt cois trá.

Nuair a bhí Nicole an-óg thosaigh sí ag canadh agus ag damhsa. B'amhránaí í leis an ngrúpa ceoil 'Pussycat Dolls' ar feadh cúpla bliain ach d'fhág sí an grúpa agus d'eisigh sí a céad albam 'Killer Love'.

Tá lucht leanúna ag Nicole ar fud an domhain. Ba mholtóir í ar an seó talainne *US X Factor* agus ba léir gur thaitin an post go mór léi.

---

❶ a) Cár rugadh Nicole Scherzinger?
  b) Cathain a rugadh í?
  c) Ar thaitin a ceantar léi?
  d) Ainmnigh a céad albam.
  e) Cén post a thaitin léi?

Cabhair!

amhránaí	singer
d'eisigh sí	she released
lucht leanúna	fans
post	job

❷ **Líon na bearnaí thíos.**
  a) Nuair a bhí sí óg chaith sí a lán ama lena _____ ar an trá agus ag snámh san _____.
  b) Bhí an aimsir te agus _____ gach lá agus b'aoibhinn léi spóirt a imirt cois _____.
  c) B'amhránaí í leis an ngrúpa _____ 'Pussycat Dolls'.
  d) Tá lucht leanúna ag Nicole ar fud an _____.
  e) Ba _____ í ar an seó talainne *US X Factor*.

❸ **Éist le halbam Nicole Scherzinger sa rang. Ainmnigh an t-amhránaí is fearr leat.**

 **An litir**  **Cleachtadh ag scríobh**

Léigh an litir thíos agus cuir an uimhir cheart isteach sna boscaí in aice na litreach.

1. seoladh   address
2. dáta   date
3. beannú   greeting
4. tús na litreach   beginning of the letter
5. corp na litreach   body of the letter
6. críoch na litreach   end of the letter

Féach ar leagan amach na litreach thíos.

Tá tú i do chónaí i mbaile nua le cúpla mí anuas. Scríobh litir chuig do chara agus déan cur síos ar do bhaile nua.

☐   *3 Bóthar na Coille,*
       Cluain Meala,
☐   *5 Meitheamh*

☐ *A Sheáin, a chara,*

Órlaith anseo. Tá brón orm nár scríobh mé roimhe seo ach bhí mé an-ghnóthach le déanaí. Mar is eol duit tá mé i mo chónaí i mbaile nua le trí mhí anuas.

☐ *Is aoibhinn liom an ceantar. Tá a lán daoine óga ina gcónaí sa cheantar agus tá a lán cairde nua agam sa bhaile agus ar scoil. Tá na háiseanna sa bhaile an-mhaith do dhéagóirí. Tá club óige, ionad spóirt agus pictiúrlann anseo.*
Téann mo thuismitheoirí chuig an mbialann áitiúil gach Satharn.

Ar mhaith leat teacht anseo chun deireadh seachtaine a chaitheamh liom? Scríobh chugam go luath.
Caithfidh mé imeacht anois mar tá mé ag bualadh le mo chairde.

 Cabhair!

roimhe seo	earlier
an-ghnóthach	very busy
na háiseanna	the facilities
bialann áitiúil	local restaurant

☐ *Do chara,*
   Órlaith

Léigh an litir ar leathanach 114 agus freagair na ceisteanna thíos.

1 **Ceisteanna**
   a) Cá bhfuil Órlaith ina cónaí?
   b) An maith léi an baile nua?
   c) Ainmnigh na háiseanna atá ann do dhéagóirí.
   d) Cathain a théann a tuismitheoirí chuig an mbialann áitiúil?
   e) Cá bhfuil Órlaith ag dul anois?

2 Bain úsáid as na nótaí san aonad seo agus sa bhosca thíos chun litir a scríobh chuig do chara faoi do cheantar.

Le foghlaim!

Tá súil agam go bhfuil tú i mbarr na sláinte	I hope you are in the best of health
Bhí áthas orm do litir a fháil cúpla lá ó shin	I was delighted to get your letter a few days ago
Is aoibhinn liom m'áit chónaithe	I love my area
Tá áiseanna iontacha do dhaoine óga agus aosta sa cheantar	There are wonderful facilities for young and old people in the area
Téim chuig an gclub peile gach seachtain	I go to the football club every week
Tá ionad siopadóireachta nua sa cheantar	There is a new shopping centre in the area
Tá siopaí de gach saghas ann	There are shops of every type there
slán go fóill	bye for now

3 Cén seoladh atá agat sa bhaile? Scríobh an seoladh i nGaeilge i do chóipleabhar.

Súil siar ar Aonad a Cúig

❶ **Meaitseáil na habairtí i mBéarla agus i nGaeilge thíos.**

1) Tá a lán áiseanna do dhéagóirí i mo cheantar.	**a)** My parents go to the supermarket every Friday.
2) Tá pictiúrlann, club óige agus ionad spóirt ar imeall an bhaile.	**b)** There is a new shopping centre in the area as well.
3) Téann mo thuismitheoirí chuig an ollmhargadh gach Aoine.	**c)** They buy fruit and vegetables, meat and fish.
4) Ceannaíonn siad glasraí agus torthaí, feoil agus iasc.	**d)** There is a cinema, youth club and a sports centre on the outskirts of the town.
5) Tá ionad siopadóireachta nua sa cheantar freisin.	**e)** I go to the shopping centre with my friends at the weekend.
6) Téim chuig an ionad siopadóireachta le mo chairde ag an deireadh seachtaine.	**f)** There are a lot of facilities for teenagers in my area.

1	2	3	4	5	6

❷ **Scríobh an siopa ceart sna habairtí thíos.**

a) Ceannaíonn tú eádaí sa siopa seo. _____

b) Téann tú isteach sa siopa seo chun oideas (prescription) a líonadh. _____

c) Téann tú isteach sa siopa seo chun stíl nua gruaige a fháil. _____

d) Tá nuachtáin agus irisí ar díol sa siopa seo. _____

e) Tá im, bainne, iasc, cáis agus calóga arbhair ar díol sa siopa seo. _____

❸ **Líon na bearnaí thíos.**

Tá cónaí orm sa _____. Tá na _____ sa chathair go hiontach. Nuair a bhíonn an t-am agam téim chuig an ionad _____ le mo chairde agus bíonn lón againn sa bhialann. Buailimid lenár gcairde ansin. Tar éis _____ téimid ag siopadóireacht. Nuair a bhíonn an t-airgead agam ceannaím geansaí spraoi nó t-léine nó _____ reatha. Is aoibhinn le mo chara leabhair agus caithimid tamall sa siopa _____. Ag deireadh an lae faighimid an _____ abhaile.

lóin, bus, chathair, bróga, siopadóireachta, leabhar, háiseanna

❹ **Scríobh alt faoi do cheantar i do chóipleabhar.**

Na Séasúir
– An tEarrach agus
An Samhradh

Is annamh earrach gan fuacht.

An t-earrach

Le foghlaim!

an t-earrach	the spring
míonna an earraigh	the months of spring
lár an earraigh	the middle of spring
deireadh an earraigh	the end of spring

Míonna an earraigh
Labhair amach ...
labhair os ard!

Céard iad míonna an earraigh?
- *Feabhra*
- *Márta*
- *Aibreán*
  Is iad Feabhra, Márta agus Aibreán míonna an earraigh.

Meaitseáil – An aimsir san earrach

Meaitseáil na pictiúir agus na focail thíos.

a) gaofar
b) fliuch/ag cur báistí
c) bogha báistí
d) meirbh
e) scamallach

1	2	3	4	5

Labhair amach ... labhair os ard!

Cuir na ceisteanna thíos ar do chara sa rang agus ansin scríobh na freagraí i do chóipleabhar.

- *Cén séasúr is fearr leat?*
- *Déan cur síos ar an aimsir sa séasúr sin.*
- *Ainmnigh míonna an tséasúir sin.*
- *Cén mhí is fearr leat?*

Cabhair!

meirbh	warm
bogha báistí	rainbow

An aimsir san earrach – Réamhaisnéis na haimsire

Cleachtadh ag scríobh

Féach ar an léarscáil (map) agus scríobh cúpla líne i do chóipleabhar faoin aimsir. Léigh an freagra samplach os ard sa rang i dtosach.

Sampla

❶ An Tuaisceart ❷ An Deisceart ❸ An tOirthear ❹ An tIarthar

Tá an aimsir inniu te agus grianmhar san iarthar ach sa deisceart tá sé ag cur báistí. Tá an aimsir scamallach sa tuaisceart agus tá ceathanna báistí san iarthar freisin.

Cabhair!

te agus grianmhar	hot and sunny	sa deisceart	in the south
fuar agus gaofar	cold and windy	ag cur báistí	raining
san oirthear	in the east	sa tuaisceart	in the north
grianmhar ach scamallach	sunny but cloudy	san iarthar	in the west
beidh ceathanna báistí ann	there will be rain showers	meirbh	warm

Labhair amach ... labhair os ard!

Féach ar an léarscáil agus déan cur síos ar an aimsir.

❶ *Scríobh alt gearr i do chóipleabhar faoin aimsir ar an léarscáil.*

❷ *Scríobh alt gearr i do chóipleabhar faoin aimsir inniu.*

Cleachtadh ag scríobh

Céard iad na focail a úsáidfidh tú chun cur síos a dhéanamh ar an aimsir?

_____
_____
_____
_____
_____
_____

119

Léamhthuiscint An aimsir san earrach

Léigh an t-alt agus freagair na ceisteanna thíos.

San earrach éiríonn an aimsir **níos teo** agus **níos gile** agus fásann na **bachlóga** ar na crainn. Feicimid bláthanna áille ag fás sa ghairdín cosúil leis an tiúilip agus **lus an chromchinn**. Bíonn an ghrian ag taitneamh ach fós bíonn an aimsir **fionnuar**.

Tá an **dúlra** níos áille san earrach ná in aon séasúr eile. Léimeann **na huain óga** sna páirceanna agus bíonn dath glas ar **na goirt**. Oibríonn an feirmeoir go dian **ag treabhadh** agus **ag cur síolta**.

Feicimid an t-**iora** agus an **sionnach**, an **smólach** agus an **gealbhán**. Baineann páistí an-taitneamh as an aimsir the.

Cabhair!

níos teo	warmer	níos gile	brighter
bachlóga	buds	lus an chromchinn	daffodil
fionnuar	cool	dúlra	nature
na huain óga	the young lambs	na goirt	the fields
ag treabhadh	ploughing	ag cur síolta	sowing seeds
iora	squirrel	sionnach	fox
smólach	thrush	gealbhán	sparrow

❶ Cén sórt aimsire a bhíonn againn san earrach?
❷ Ainmnigh na bláthanna a fhásann sa ghairdín.
❸ Céard a dhéanann na huain óga sna goirt?
❹ Céard a dhéanann an feirmeoir san earrach?
❺ Ainmnigh na hainmhithe a fheicimid san earrach.

Obair ealaíne

Tarraing pictiúr den earrach i do chóipleabhar agus déan cur síos ar an bpictiúr don rang.

Féach ar TG4

Féach ar réamhaisnéis na haimsire ar www.tg4.ie.

An dúlra san earrach

Obair ealaíne

Féach ar na bláthanna a fhásann san earrach. Tarraing na bláthanna thíos i do chóipleabhar.

Meaitseáil

❶ Meaitseáil na bláthanna thíos.

1. lus an chromchinn
2. tiúilip
3. cloiginí gorma
4. an chailleach dhearg
5. plúirín sneachta

   1   2   3   4   5

❷ Meaitseáil na hainmhithe thíos.

1. an t-iora rua
2. an ghráinneog
3. an broc
4. an coinín
5. an sionnach

   1   2   3   4   5

Labhair amach ... labhair os ard!

❶ Céard iad na bláthanna a fhásann san earrach a thaitníonn leat?

❷ Céard iad na hainmhithe fiáine (wild) atá le feiceáil sna páirceanna san earrach?

Labhair amach ... labhair os ard!

Aimsigh na difríochtaí idir an dá phictiúr thíos.

Le foghlaim!

Tá uain ag léim sna páirceanna sa dá phictiúr.	There are lambs jumping in the two pictures.
Tá dhá bhroc i bpictiúr a haon.	There are two badgers in the first picture.
I bpictiúr a haon tá teaghlach ag ithe picnice.	In the first picture there is a family eating a picnic.
Tá teach beag sa dá phictiúr.	There is a little house in the two pictures.
Tá bláthanna léana ag fás sa dá phictiúr.	There are wild flowers growing in the two pictures.
Tá dhá iora i bpictiúr a haon agus tá iora amháin i bpictiúr a dó.	There are two squirrels in the first picture and one squirrel in the second picture.
Tá an ghrian ag taitneamh go hard sa spéir i bpictiúr a dó.	The sun is shining high in the sky in the second picture.
Tá sé scamallach sa chéad pictiúr.	It is cloudy in the first picture.
páirceanna glasa	green fields
feirmeoir ar tharracóir	farmer on a tractor
éin ag canadh	birds singing
ba agus capaill sna páirceanna	cows and horses in the fields
gráinneog	hedgehog

Cleachtadh ag scríobh

Scríobh alt gearr i do chóipleabhar faoin earrach. Bain úsáid as na nótaí thuas.

Tosaigh mar seo: *Is aoibhinn liom an t-earrach. Is iad Feabhra, Márta agus Aibreán míonna an earraigh. San earrach faighim sos ón scoil agus téim chuig an bpáirc le mo chara Niall. Feicimid na héin agus na hainmhithe…*

Féilte an earraigh

Léigh na giotaí agus freagair na ceisteanna thíos.

❶ Lá Fhéile Bríde: an chéad lá d'Fheabhra

Tá mé ag freastal ar Mheánscoil Naomh Bríd agus faighimid lá saor ón scoil ar an gcéad lá d'Fheabhra. De ghnáth ní bhíonn an aimsir rómhaith. Go minic bíonn sé ag cur báistí. Buailim le mo chairde agus téimid isteach sa chathair. Bíonn lón againn ann agus caithimid tamall ag siopadóireacht.

Gráinne

a) Cá bhfuil Gráinne ag dul ar scoil?
b) Cathain a bhíonn lá saor aici ón scoil?
c) Cén sórt aimsire a bhíonn ann an lá sin de ghnáth?
d) Cá dtéann Gráinne lena cairde?
e) Céard a dhéanann siad?

Riobárd

❷ Lá Fhéile Pádraig: an seachtú lá déag de Mhárta

Is aoibhinn liom Lá Fhéile Pádraig. Ceiliúrann Éireannaigh an lá seo ar fud an domhain. Téim isteach sa chathair le mo chairde chun an pharáid a fheiceáil agus bíonn spórt agus spraoi againn sa chathair. Anuraidh chuamar ar an roth mór (big wheel) agus cheannaíomar grán rósta (pop corn) agus líomanáid glas. Bhuaileamar le daoine ó Mheiriceá, ón bhFrainc agus ó thíortha eile ag an gcóisir mhór sa chathair. Bhí áthas an domhain orainn mar bhí an aimsir te agus grianmhar.

Craic sa rang

a) Cá ndeachaigh Riobárd Lá Fhéile Pádraig?
b) Céard a rinne sé anuraidh?
c) Céard a d'ith siad?
d) Céard a d'ól siad?
e) Conas a bhí an aimsir Lá Fhéile Pádraig anuraidh?

★ Téigh chuig leathanach 189 agus can an t-amhrán.

★ Can 'Amhrán na bhFiann' sa rang. Téigh chuig leathanach 188.

Déan damhsa sa rang. Téigh chuig leathanach 187.

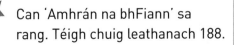

Seachtain na Gaeilge

Fógra

Léigh an fógra agus freagair na ceisteanna thíos.

Cabhair!

comórtas ealaíne	art competition
tráth na gceist	quiz
ceolchoirm	concert
comórtas amhránaíochta	singing competition
tuilleadh eolais	more information

Scoil Mhuire, Trá Lí, Co. Chiarraí

Seachtain na Gaeilge 10 – 17 Márta

Dé Luain:	11.00	Céilí mór sa halla
	1.00	Comórtas ealaíne sa seomra ealaíne
Dé Máirt	12.00	Ceolchoirm sa halla le Sharon Shannon
Dé Céadaoin	11.00	Tráth na gCeist i seomra 19B
Déardaoin	3.00	Seisiún ceoil le ceoltóirí na scoile
Dé hAoine	10.00	Comórtas amhránaíochta sa seomra ceoil

Tuilleadh eolais faoi Sheachtain na Gaeilge ó rúnaí na scoile Áine Ní Chuinn ag an uimhir 043–847568

❶ Cá mbeidh Seachtain na Gaeilge ar siúl?
❷ Cén t-am a thosóidh an seisiún ceoil?
❸ Cén lá a bheidh tráth na gceist ar siúl?
❹ Céard a bheidh ar siúl sa halla Dé Máirt?
❺ Conas is féidir tuilleadh eolais a fháil?
❻ Cathain a bheidh an comórtas amhránaíochta ar siúl?

Téigh go dtí edco.ie/iontas1 chun idirghníomhaíochtaí a dhéanamh.

Obair ealaíne

Dear (design) fógra do Sheachtain na Gaeilge agus croch na fógraí ar na ballaí sa seomra ranga. Déan clár ama i do chóipleabhar do Sheachtain na Gaeilge.

Craic sa rang

Eagraigh (organise) tráth na gceist sa rang. Tá na ceisteanna i lámhleabhar an mhúinteora.

Cluastuiscint CD 1 Rian 29–31

Éist go cúramach leis na giotaí cainte ar an dlúthdhiosca, agus ansin freagair na ceisteanna seo thíos. Cloisfidh tú gach giota dhá uair.

Mír 1

1 Cuir tic sa bhosca ceart.

ⓐ ☐   ⓑ ☐    ⓒ ☐

2 Cén mhí a fhaigheann Dónall sos ón scoil?

3 Cé mhéad capall atá ag a uncail?

Mír 2

1 Cuir tic sa bhosca ceart.

ⓐ ☐    ⓑ ☐    ⓒ ☐

2 Cén t-am a bhuaileann na déagóirí lena chéile ag stad an bhus?

3 Ainmnigh rud amháin a fheiceann siad an lá sin.

Scrúdú cainte gearr

Éist leis an dlúthdhiosca – CD 1 Rian 50. Déan an scrúdú cainte gearr thíos agus ansin scríobh na freagraí i do chóipleabhar.

❶ An maith leat an t-earrach?

❷ Céard iad míonna an earraigh?

❸ Ainmnigh na bláthanna a fhásann san earrach.

❹ Ainmnigh na hainmhithe fiáine a fheiceann tú sna páirceanna san earrach.

❺ Cén fhéile is fearr leat san earrach?

❻ Céard a dhéanann tú Lá Fhéile Pádraig?

❼ Cén sórt aimsire a bhíonn againn in Éirinn san earrach?

An samhradh
Le foghlaim!

an samhradh	the summer
míonna an **t**samhr**aidh**	the months of summer
lár an **t**samhr**aidh**	the middle of summer
deireadh an **t**samhr**aidh**	the end of summer

Míonna an tsamhraidh
Labhair amach ... labhair os ard!

Céard iad míonna an tsamhraidh?
- *Bealtaine*
- *Meitheamh*
- *Iúil*
  Is iad Bealtaine, Meitheamh agus Iúil míonna an tsamhraidh.

Téigh go dtí edco.ie/iontas1 chun idirghníomhaíochtaí a dhéanamh.

Cleachtadh ag scríobh
An aimsir sa samhradh

Líon na bearnaí thíos.

Is aoibhinn liom an _____. Nuair a fhaighim laethanta saoire ón _____ ní bhíonn an aimsir fuar. Gach maidin cloisim na _____ ag canadh agus nuair a fhéachaim amach an fhuinneog feicim an ghrian ag _____. Buailim le mo chairde agus rothaímid chuig an trá. Bíonn sé gaofar ar an _____ agus téimid ag snámh. Ina dhiaidh sin ithimid picnic ar an ngaineamh agus imrímid peil. Nuair a éiríonn an aimsir níos _____ fágaimid an trá agus rothaímid abhaile. An samhradh an _____ is fearr liom.

samhradh, fuaire, taitneamh, trá, séasúr, héin, scoil

Labhair amach ... labhair os ard!

Cuir na ceisteanna thíos ar do chara sa rang.

- *Déan cur síos ar an aimsir sa samhradh.*
- *Céard a dhéanann tú nuair a bhíonn an aimsir te?*
- *Ainmnigh míonna an tsamhraidh.*
- *Cén mhí is fearr leat?*
- *Cén fáth ar maith leat an mhí sin?*

Contaetha na hÉireann
Cúige Uladh

Líon isteach na contaetha sa léarscáil ar dheis.

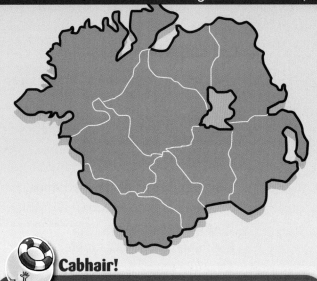

Cleachtadh ag scríobh

Cuir Gaeilge ar na habairtí thíos.
1. *Donegal is in Ulster.*
2. *Armagh is my favourite county.*
3. *I was in Derry last summer.*
4. *My dad was born in Monaghan.*

Cabhair!

rugadh mo dhaid	my dad was born
an contae is fearr liom	my favourite county
in Ulaidh	in Ulster

Cúige Uladh

Dún na nGall	Donegal	**Doire**	Derry	**Aontroim**	Antrim
Tír Eoghain	Tyrone	**Ard Mhacha**	Armagh	**An Dún**	Down
Fear Manach	Fermanagh	**An Cabhán**	Cavan	**Muineachán**	Monaghan

Labhair amach ... labhair os ard!

Pléigh na ceisteanna thíos sa rang.
1. An raibh tú riamh i gContae Dhún na nGall? Cathain? Cén áit?
2. Céard iad na bailte beaga i gCúige Uladh atá ar eolas agat?
3. An bhfuil aithne agat ar aon duine a chónaíonn i gCúige Uladh?
4. Ainmnigh na contaetha i gCúige Uladh don rang. An bhfuil siad ar eolas agat?

Le foghlaim! Bailte i gCúige Uladh

Gort a' Choirce	Gortahork	**Ard Mhacha**	Armagh
Leitir Ceanainn	Letterkenny	**Dún Geanainn**	Dungannon
Béal Feirste	Belfast	**Carraig Fheargais**	Carrickfergus
An Ómaigh	Omagh	**Doire**	Derry

Cleachtadh ag scríobh

Féach ar an léarscáil agus aimsigh na bailte i gCúige Uladh. Scríobh liosta i do chóipleabhar.

Cúige Laighean

Líon isteach na contaetha sa léarscáil ar dheis.

Cleachtadh ag scríobh

Cuir Gaeilge ar na habairtí thíos.

① *I was born in Wexford.*
② *He lives in Louth.*
③ *I like Kildare but I prefer Carlow.*
④ *I like Laois.*

Cabhair!

| rugadh mé i | I was born in |
| tá cónaí air i | he lives in |

Cúige Laighean

Lú	Louth	**An Mhí**	Meath	**Baile Átha Cliath**	Dublin
Cill Mhantáin	Wicklow	**Loch Garman**	Wexford	**Cill Chainnigh**	Kilkenny
Ceatharlach	Carlow	**Laois**	Laois	**Cill Dara**	Kildare
Uíbh Fhailí	Offaly	**An Iarmhí**	Westmeath	**An Longfort**	Longford

Lúbra

Aimsigh na contaetha sa lúbra thíos.

F	C	I	L	L	M	H	A	N	T	Á	I	N	S	A	Í
R	Ú	S	N	A	M	R	A	G	H	C	O	L	L	N	H
A	O	T	C	E	A	T	H	A	R	L	A	C	H	Ó	M
C	L	A	F	D	Í	L	I	A	H	F	H	B	I	U	R
B	A	I	L	E	Á	T	H	A	C	L	I	A	T	H	A
A	N	L	O	N	G	F	O	R	T	Ú	N	G	Á	Ó	I
R	I	H	G	I	N	N	I	A	H	C	L	L	I	C	N
C	S	B	Í	H	M	N	A	O	L	S	I	O	A	L	A

Cúige Mumhan

Líon isteach na contaetha sa léarscáil ar dheis.

Cleachtadh ag scríobh

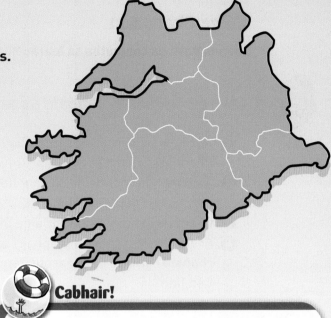

Cuir Gaeilge ar na habairtí thíos.
1. *I love Waterford.*
2. *Cork is my favourite county.*
3. *I like Limerick but I prefer Clare.*
4. *Kerry is lovely.*

Cabhair!

an contae is fearr liom	my favourite county
is fearr liom	I prefer
go hálainn	beautiful

Cúige Mumhan

Port Láirge	Waterford	Corcaigh	Cork	Luimneach	Limerick
Ciarraí	Kerry	An Clár	Clare	Tiobraid Árann	Tipperary

Labhair amach ... labhair os ard!

Pléigh na ceisteanna thíos sa rang.
1. An raibh tú riamh i gContae Chiarraí? Cathain? Cén áit?
2. Céard iad na bailte beaga i gCúige Mumhan atá ar eolas agat?
3. An bhfuil aithne agat ar aon duine a chónaíonn i gCúige Mumhan?
4. Ainmnigh na contaetha i gCúige Mumhan don rang. An bhfuil siad ar eolas agat?

Le foghlaim! Bailte i gCúige Mumhan

Dún Chaoin	Dunquin	**Cill Dalua**	Killaloe
Lios Tuathail	Listowel	**An Caisleán Nua**	Newcastle
An Cóbh	Cobh	**Cluain Meala**	Clonmel
Dún Garbhán	Dungarvan	**Durlas**	Thurlas

Cleachtadh ag scríobh

Féach ar an léarscáil agus aimsigh na bailte i gCúige Mumhan. Scríobh liosta i do chóipleabhar.

Cúige Chonnacht

Líon isteach na contaetha sa léarscáil ar dheis.

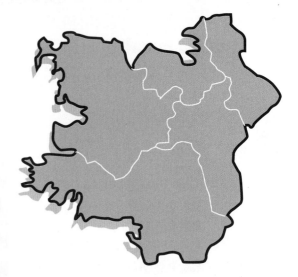

Labhair amach ... labhair os ard!

1 Ar thug tú cuairt ar na contaetha i gCúige Chonnacht riamh?
2 An bhfuil do chairde nó do ghaolta (relations) ina gcónaí i gCúige Chonnacht?
3 Céard iad na contaetha i gCúige Chonnacht?
4 Ar mhaith leat cuairt a thabhairt ar aon chontae i gCúige Chonnacht? Cén ceann? Cén fáth?

Cúige Chonnacht

Gaillimh	Galway	Maigh Eo	Mayo
Sligeach	Sligo	Ros Comáin	Roscommon
Liatroim	Leitrim		

Cleachtadh ag scríobh

Cuir Gaeilge ar na habairtí.

I live in Galway. **Tá cónaí orm i nGaillimh.**

1 *You live in Roscommon.*
2 *He lives in Leitrim.*
3 *They live in Sligo.*
4 *We live in Mayo.*
5 *She lives in Galway.*

Cúinne na Gramadaí

orm	orainn
ort	oraibh
air	orthu
uirthi	

Le foghlaim! Bailte i gCúige Chonnacht

Rosmuc	Rosmuck	**Tuaim**	Tuam
An Spidéal	Spiddal	**Sligeach**	Sligo
Cathair na Mart	Westport	**Tobar an Choire**	Tobercurry
Béal an Átha Móir	Ballinamore	**Béal an Átha**	Ballina

Cén sórt aimsire a bheidh i gCúige Chonnacht amárach?
Féach ar réamhaisnéis na haimsire ar TG4 sa rang.

Cúinne na Gramadaí

Le foghlaim! Urú

Leanann urú na leaganacha/focail seo thíos:

ar an, leis an, i, ag an, faoin, ón, seacht, ocht, naoi, deich, an? nach?

Ní chuireann tú urú ar na gutaí: **a, e, i, o, u**, mar shampla "ar an oileán".
Ní chuireann tú urú ar **d, n, t, l, s**, mar shampla "ar an **t**alamh", "ag an **d**oras".
Ní chuireann tú urú ar hainmfhocal a thosaíonn le **m, r, l, n, h**.

Cleachtadh ag scríobh

Sampla

Tá cónaí ar m'aintín i nDún na nGall.
Tá seacht mbó ag m'uncail.

❶ Rugadh mo dheartháir i (Gaillimh) _____.

❷ Chaitheamar saoire i (Baile Átha Cliath) _____ sa samhradh.

❸ An (cónaíonn tú) _____ i Luimneach?

❹ Nach (caitheann sibh) _____ bróga reatha sa halla spóirt?

❺ Tá mo chara ina cónaí i (Corcaigh) _____.

❻ Bhí mo Mham ag labhairt leis an (príomhoide) _____ inné.

Téigh chuig leathanach 274 chun níos mó oibre a dhéanamh ar an urú.

Le foghlaim! Urú

Urú	Litir	Sampla
d	t	**i d**teach m'aintín
g	c	**seacht g**carr
b	p	**leis an b**príomhoide
m	b	**ón m**buachaill
bh	f	**ag an bh**fuinneog
n	g	**leis an g**cailín
d	t	**i d**timpiste

Téigh go dtí edco.ie/iontas1 chun idirghníomhaíochtaí a dhéanamh.

An trá

Déan cur síos ar an bpictiúr seo sa rang. Bain úsáid as na focail sa bhosca.

 Cleachtadh ag scríobh

 Labhair amach ... labhair os ard!

Féach ar an bpictiúr thuas agus freagair na ceisteanna i do chóipleabhar.

❶ Cá bhfuil na tuismitheoirí?

❷ Cén sórt aimsire atá ann?

❸ Ainmnigh na rudaí a fheiceann tú ar an trá.

❹ Céard atá á dhéanamh ag na páistí?

❺ Céard atá á dhéanamh ag na déagóirí?

❻ Cén saghas bia atá acu don phicnic?

❼ An maith leat an samhradh?

❽ An dtéann tú chuig an trá sa samhradh? Céard a dhéanann tú ar an trá?

Scríobh alt gearr faoin bpictiúr i do chóipleabhar.

 Cabhair!

ceapairí	sandwiches	úlla agus oráistí	apples and oranges
ag snámh	swimming	ag imirt peile	playing football
ina suí ar thuáille	sitting on a towel	ag ithe lóin	eating lunch
an ghrian ag taitneamh	the sun shining	sliogáin ar an ngaineamh	shells on the sand
páistí ag súgradh	children playing	buicéad agus spáid	bucket and spade
scáth gréine os cionn na dtuismitheoirí	sun umbrella over the parents	picnic	picnic

Cárta poist

Léigh an cárta poist agus freagair na ceisteanna thíos.

A Éanna, a chara,

Pádraig anseo ag scríobh chugat ó Dhún na nGall. Tá mé anseo ar saoire le mo theaghlach ar feadh coicíse. Táimid ag fanacht i gcarbhán cois trá. Is áit álainn í agus tá a lán déagóirí ar saoire ann.

Gach maidin téimid chuig an trá. Chuamar ag surfáil inné agus bhí an-chraic againn. Bhí tonnta móra ar an bhfarraige agus bhí lá iontach againn. Ach, ní raibh Mam bhocht rómhaith ag an surfáil! Ina dhiaidh sin d'fhan sí ag sú na gréine.

Istoíche déanann Daid bairbaiciú blasta dúinn. Beidh mé ag filleadh abhaile an Satharn seo chugainn. Cuirfidh mé glao ort ansin.

Slán tamall,
Pádraig

Éanna Ó Néill

77 Bóthar na Coiribe

Gaillimh

1 Cá bhfuil Pádraig ar a laethanta saoire?
2 Cá bhfuil sé ag fanacht?
3 Cá ndeachaigh siad inné?
4 Cén fáth ar fhan Mam ag sú na gréine?
5 Cathain a bheidh Pádraig ag filleadh abhaile?

Cabhair!

ar feadh coicíse	for a fortnight
carbhán cois trá	a caravan by the beach
tonnta móra	big waves
ag sú na gréine	sunbathing

Cleachtadh ag scríobh

Seol cárta poist chuig do chara. Luaigh na pointí thíos sa chárta:

- Tá tú ar saoire i gcontae Chiarraí (roghnaigh baile i gCiarraí ar leathanach 129).
- Téann tú chuig an trá gach lá.
- Tá an aimsir go hálainn.
- Tá a lán cairde nua agat.
- Cathain a bheidh tú ag teacht abhaile.

Léamhthuiscint Katy Perry

Léigh an t-alt agus freagair na ceisteanna thíos.

Rugadh Katy Perry in California ar an 25 Deireadh Fómhair 1984. Is aoibhinn le Katy California. **Ina hóige** chaith sí an samhradh cois trá ag surfáil lena deartháir agus a deirfiúr. Bíonn an aimsir te agus grianmhar i gcónaí in California. Is é Santa Barbara **a baile dúchais** agus deir Katy gur áit álainn ghrianmhar í. Is amhránaí í Katy ach **seinneann sí** an pianó agus an giotár freisin. Na hamhráin **is rathúla** léi ná 'California Girls' agus 'Teenage Dream'. Caitheann Katy a lán ama anois **ag taisteal ar fud an domhain** ag canadh agus ag bualadh lena **lucht leanúna**.

Phós Katy an t-aisteoir Russell Brand sa bhliain 2010 agus scar siad sa bhliain 2011.

Katy Perry

Cabhair!

❶ Cathain a rugadh Katy Perry?
❷ Cár rugadh Katy Perry?
❸ Déan cur síos ar an aimsir in California.
❹ Ainmnigh na huirlisí ceoil (instruments) a sheinneann Katy.
❺ Ainmnigh na hamhráin is rathúla léi.
❻ Cathain a phós Katy?

rugadh Katy	Katy was born
ina hóige	in her youth
a baile dúchais	her native town
seinneann sí	she plays
is rathúla	most successful
ag taisteal ar fud an domhain	travelling throughout the world
lucht leanúna	followers

Ceol sa rang

Éist le hamhrán Katy Perry sa rang.

An bhfuil aon rud ar eolas agat faoin amhránaí is fearr leat? Cuardaigh an t-idirlíon agus scríobh an t-eolas i do chóipleabhar.

Obair ealaíne

Tarraing fógra do cheolchoirm Katy Perry nó d'amhránaí eile i do chóipleabhar.

Cluastuiscint CD 1 Rian 32–34

Éist go cúramach leis na giotaí cainte ar an dlúthdhiosca, agus ansin freagair na ceisteanna seo thíos. Cloisfidh tú gach giota dhá uair.

Mír 1

1 Cuir tic sa bhosca ceart.

2 Cár rugadh Niamh?

3 Cá dtéann Niamh gach Satharn?

    a) ag siopadóireacht nó chuig an bpictiúrlann

    b) an linn snámha

    c) an t-ollmhargadh

Mír 2

1 Cá ndeachaigh Dara an samhradh seo caite?

2 Cén t-am a d'éirigh Dara gach maidin?

3 Céard a bhí ar siúl gach tráthnóna?

Scrúdú cainte gearr

Éist leis an dlúthdhiosca – CD 1 Rian 51. Déan an scrúdú cainte gearr thíos agus ansin scríobh na freagraí i do chóipleabhar.

❶ Cén mhí sa samhradh is fearr leat?

❷ Cá gcónaíonn tú?

❸ Cén contae is fearr leat in Éirinn?

❹ An raibh tú riamh sa Ghaeltacht? Cathain? Ar thaitin sí leat?

❺ Déan cur síos ar an aimsir a bhíonn againn in Éirinn sa samhradh.

❻ An dtéann tú chuig an trá go minic? Céard a dhéanann tú ann?

Súil siar ar Aonad a Sé

❶ Freagair na ceisteanna thíos.

a) Céard iad míonna an earraigh? Is iad míonna an earraigh ná

_____

b) Céard iad míonna an tsamhraidh? Is iad míonna an tsamhraidh ná

_____

c) Ainmnigh féile amháin a cheiliúrann muintir na hÉireann san earrach.

_____

❷ Líon na bearnaí thíos.

Is aoibhinn liom an _____. Nuair a bhíonn an aimsir _____ téim
chuig an trá le mo chairde. Rithimid isteach san fharraige agus caithimid an lá ag
_____ agus ag surfáil. I lár an lae suímid ar an _____ agus ithimid
picnic. Bíonn _____ agus brioscaí againn agus ólaimid oráiste agus cóc. Sa
tráthnóna imrímid _____ ar an ngaineamh. Is aoibhinn le mo chara sliogáin a bhailiú.
Nuair a éiríonn sé gaofar agus _____ fágaimid an trá agus fillimid abhaile.
ngaineamh, peil, samhradh, ceapairí, snámh, fuar, grianmhar

❸ Meaitseáil na pictiúir agus na focail thíos.

a) scamallach	**b)** ag cur báistí	**c)** grianmhar	**d)** bogha báistí	**e)** gaofar

❹ Scríobh alt i do chóipleabhar faoin séasúr is fearr leat.

7 Aonad a Seacht

Caithimh Aimsire

Cleachtadh a dhéanann máistreacht.

Céard é an caitheamh aimsire is fearr leat?

Meaitseáil

Meaitseáil na pictiúir agus na focail thíos.

1. ag léitheoireacht
2. ag seinm an phianó
3. ag iascaireacht

4. ag seoltóireacht
5. ag damhsa
6. ag canadh

Labhair amach ... labhair os ard!

Cuir na ceisteanna thíos ar na daltaí sa rang.

❶ Ainmnigh na caithimh aimsire thuas a thaitníonn leat.

❷ An raibh tú riamh ag iascaireacht? Cén áit?

❸ Ar léigh tú leabhar le déanaí? Cén leabhar? Ar thaitin sé leat?

❹ An ndeachaigh tú ag seoltóireacht riamh? Cathain?

❺ An seinneann tú uirlis cheoil? Cén uirlis?

❻ An maith leat bheith ag canadh? An bhfuil tú i mbanna ceoil?

❼ Cén t-amhránaí is fearr leat?

Cleachtadh ag scríobh

Scríobh freagraí ar na ceisteanna thuas i do chóipleabhar.

Meaitseáil

Meaitseáil na pictiúir agus na focail thíos.

1. ag dul chuig ceolchoirm
2. ag siopadóireacht
3. ag marcaíocht ar chapall
4. ag imirt cluichí ríomhaire
5. ag dul chuig an bpictiúrlann
6. ag féachaint ar an teilifís

Labhair amach ... labhair os ard!

Cleachtadh ag scríobh

Cuir na ceisteanna thíos ar na daltaí sa rang. Scríobh na freagraí ar na ceisteanna i do chóipleabhar.

❶ *Céard iad na caithimh aimsire ón liosta thuas a thaitníonn leat?*
❷ *An raibh tú riamh ag ceolchoirm? Cathain? Ar thaitin sí leat?*
❸ *An bhféachann tú ar an teilifís go minic?*
❹ *Cén clár teilifíse is fearr leat?*
❺ *Cá dtéann tú ag siopadóireacht? Cathain a théann tú ag siopadóireacht?*
❻ *Cé na cluichí ríomhaire a thaitníonn leat?*
❼ *An raibh tú ag an bpictiúrlann le déanaí? Cén scannán a chonaic tú?*

Cluiche – Searáidí sa rang

Pioc caitheamh aimsire amháin as an liosta ar leathanach 138 nó as an liosta thuas agus déan cur síos ar an gcaitheamh aimsire sin le do lámha. Má roghnaíonn dalta an caitheamh aimsire ceart, caithfidh an dalta sin caitheamh aimsire a phiocadh.

Suirbhé

 Craic sa rang **Labhair amach … labhair os ard!**

Déan an suirbhé thíos sa rang agus glaoigh amach na torthaí os ard sa rang.
Scríobh na freagraí i do chóipleabhar.

Suirbhé – Caitheamh aimsire mo charad

1. An imríonn tú spórt? _____
2. Cén spórt a imríonn tú? _____
3. An bhféachann tú ar an teilifís? _____
4. Céard iad na cláir theilifíse is fearr leat?
_____
5. An maith leat siopadóireacht? _____
6. Ainmnigh na siopaí is fearr leat. _____
7. An maith leat léitheoireacht? _____
8. An dtéann tú chuig an bpictiúrlann go minic?
_____
9. Ainmnigh an scannán is fearr leat. _____
10. An dtéann tú ar Facebook? _____
11. Cén cluiche ríomhaire is fearr leat? _____
12. An bhfuil i-pod nó i-fón nó i-pad agat?
_____
13. Cén suíomh idirlín (internet site) is fearr leat?
_____
14. An maith leat ceol? _____
15. Cén uirlis cheoil (musical instrument) a sheinneann tú?
_____
16. Ainmnigh an ceoltóir nó an t-amhránaí is fearr leat.
_____
17. An raibh tú riamh ag ceolchoirm (concert)?
_____
18. Cá bhfuair tú na ticéid? _____
19. An maith leat damhsa nó drámaíocht? _____

Téigh go dtí edco.ie/iontas1 chun idirghníomhaíochtaí a dhéanamh.

Léamhthuiscint

Caithimh aimsire Shiobhán

Léigh an giota agus freagair na ceisteanna thíos.

Haigh! Is mise Siobhán. Tá mé sa chéad bhliain ar scoil agus tá mé an-ghnóthach (very busy) i mbliana. Tá a lán caitheamh aimsire agam. Is aoibhinn liom ceol agus éistim le m'iPod gach lá nuair atá mé ar an mbus scoile. Beyonce an t-amhránaí is fearr liom. Seinnim an pianó freisin. Déanaim cleachtadh sa bhaile gach lá tar éis mo chuid obair bhaile a chríochnú.

Ag an deireadh seachtaine bíonn rang damhsa agus rang ealaíne agam. Taitníonn ealaíon go mór liom. Ealaín an t-ábhar is fearr liom ar scoil.

❶ Cathain a éisteann Siobhán leis an iPod?
❷ Ainmnigh an t-amhránaí is fearr léi.
❸ Cén uirlis cheoil a sheinneann Siobhán?
❹ Céard iad na caithimh aimsire a bhíonn ag Siobhán ag an deireadh seachtaine?
❺ Ainmnigh an t-ábhar is fearr le Siobhán ar scoil.

Obair bheirte sa rang

Lig ort gur tusa múinteoir Shiobhán sa léamhthuiscint thuas. Cuir na ceisteanna thíos ar Shiobhán sa rang Gaeilge. Bain úsáid as an léamhthuiscint chun na freagraí a aimsiú.

Múinteoir: Céard iad na caithimh aimsire atá agat, a Shiobhán?
Siobhán: _____

Múinteoir: Cén t-amhránaí is fearr leat?
Siobhán: _____

Múinteoir: An seinneann tú uirlis cheoil?
Siobhán: _____

Múinteoir: Cathain a bhíonn rang damhsa agat?
Siobhán: _____

Cúinne na Gramadaí

Le foghlaim! Briathra san Aimsir Láithreach 1

seinn to play	éist to listen	féach to watch	seol to send
seinn**im**	éist**im**	féach**aim**	seol**aim**
seinn**eann** tú	éist**eann** tú	féach**ann** tú	seol**ann** tú
seinn**eann** sé/sí	éist**eann** sé/sí	féach**ann** sé/sí	seol**ann** sé/sí
seinn**imid**	éist**imid**	féach**aimid**	seol**aimid**
seinn**eann** sibh	éist**eann** sibh	féach**ann** sibh	seol**ann** sibh
seinn**eann** siad	éist**eann** siad	féach**ann** siad	seol**ann** siad

❶ Scríobh an briathar sna habairtí thíos.

a) (Seinn) _____ sé an pianó agus an fhidil.

b) (Éist) _____ Máire lena hiPod nuair atá sí ag déanamh a cuid obair bhaile.

c) (Féach) _____ na buachaillí ar an teilifís gach Satharn.

d) (Seol) _____ Liam téacsteachtaireachtaí (text messages) gach lá.

e) (Seinn) _____ mo chara an giotár.

f) (Éist) _____ Seán lena iPod ar an traein.

Le foghlaim! Briathra san Aimsir Láithreach 1

-aim	-im
-ann tú	-eann tú
-ann sé/sí	-eann sé/sí
-aimid	-imid
-ann sibh	-eann sibh
-ann siad	-eann siad

Abairtí samplacha

1. *Féachaim ar chluiche rugbaí ar an teilifís gach Satharn.*
2. *Seolann mo chara ríomhphost chugam gach seachtain.*

Téigh chuig leathanach 212 chun níos mó oibre a dhéanamh ar an Aimsir Láithreach.

Ceol – Cén saghas ceoil a thaitníonn leat?

Labhair amach ...
labhair os ard!

Cuir na ceisteanna thíos ar na daltaí sa rang.

An maith leat popcheol?
An maith leat ceol traidisiúnta?
An maith leat snagcheol?
An maith leat ceol tíre?
Cén saghas ceoil is fearr leat?
An seinneann tú uirlis cheoil? Cén uirlis?

Cabhair!

popcheol	pop music
ceol traidisiúnta	traditional music
snagcheol	jazz music
ceol tíre	country music

Uirlisí Gaelacha

Meaitseáil
Meaitseáil na pictiúir agus na focail thíos.

a)   b)  c)  d)

e)   f)  g)  h)

1. cláirseach   **2.** feadóg mhór   **3.** píb uilleann   **4.** fidil
5. bodhrán   **6.** consairtín   **7.** feadóg stáin   **8.** bainseo

 Anois déan an lúbra ar leathanach 174.

Léamhthuiscint

James Doolan, Sárcheoltóir

Léigh an t-alt agus freagair na ceisteanna thíos.

James Doolan

Seo é James Doolan. Tá sé fiche bliain d'aois. Is as Baile Átha Cliath é. Is sárcheoltóir é James. Baineann James an-taitneamh as an gceol traidisiúnta. Seinneann sé an fheadóg stáin, an fheadóg íseal, an fhidil, an méarchlár (keyboard) ach is é an bodhrán an uirlís is fearr le James.

Bhuaigh James Craobhchomórtas Bodhráin an Domhain (World Bodhrán Championship) i gCiarraí sa bhliain 2009. Bhí áthas an domhain air. Bronnadh trófaí (trophy) mór agus míle euro air. Nuair a tháinig an Bhanríon Éilís II (Queen Elizabeth II) ar cuairt chuig Páirc an Chrócaigh sa bhliain 2011, chuir James fáilte roimpi leis an mbodhrán agus é ag seinm le triúr eile.

Is druma Gaelach é an bodhrán. Déantar é as adhmad (wood) – agus craiceann ainmhí (animal skin) sínte amach ar an adhmaid. Buailtear é le cipín.

❶ Cé mhéad uirlis cheoil a sheinneann James?
❷ Cén uirlis cheoil is fearr le James?
❸ Cén duais (prize) a bhuaigh sé?

Ceol sa rang

Éist le ceol sa rang ar dhlúthdhiosca an mhúinteora nó ar www.comhaltas.ie.

Féach ar chláir cheoil ar www.tg4.ie.

Seinn ceol sa rang. Má tá uirlis cheoil ag aon daltaí, iarr orthu píosa ceoil a sheinnt sa rang.

Obair ealaíne

Tarraing bodhrán i do chóipleabhar agus cuir dearadh ceilteach (celtic design) ar an mbodhrán.

Léamhthuiscint Edel Fox

Léigh an t-alt agus freagair na ceisteanna thíos.

Edel Fox

Seo í Edel Fox. Rugadh agus tógadh i Sráid na Cathrach, Contae an Chláir í. Is ceoltóir sármhaith í. Seinneann Edel an consairtín. Go minic, bíonn a cuid ceoil le cloisteáil ar Raidió na Gaeltachta, go háirithe maidin Shathairn nó ar an Domhnach. Is féidir le gach duine a ceol traidisiúnta a chloisteáil ar a dlúthdhiosca nua 'Chords & Beryls'.

Bhuaigh Edel duais TG4 'Gradam Ceoltóir Óg na Bliana' sa bhliain 2004. Ón mbliain sin, chaith sí a lán ama ag múineadh ceoil agus ag glacadh páirte sna féilte traidisiúnta.

❶ Cárb as Edel?
❷ Cén saghas ceoil a sheinneann sí?
❸ Cathain a bhíonn a cuid ceoil le cloisteáil ar Raidió na Gaeltachta?
❹ Cathain a bhuaigh sí an 'Gradam Ceoltóir Óg na Bliana'?
❺ Céard é an t-ainm atá ar a dlúthdhiosca nua?

Déan an crosfhocal ar leathanach 173.

Ceol sa rang

Éist le ceol Edel Fox ar dhlúthdhiosca an mhúinteora rian 9.

Meaitseáil

Meaitseáil na pictiúir agus na focail thíos.

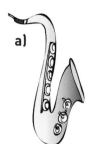
a)

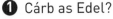
b)

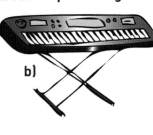
c)

d)

e)

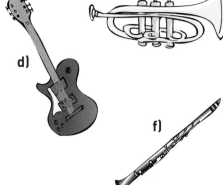
f)

1. cláirnéid	**2.** drumaí	**3.** giotár leictreach
4. trumpa	**5.** méarchlár	**6.** sacsafón

Próifíl Justin Bieber

Léigh próifíl Justin Bieber agus freagair na ceisteanna thíos.

Ainm	Justin Drew Bieber
Dáta breithe	1 Márta 1994
Ainm a mham	Patty Malette
Ainm a dhaid	Jeremy Bieber
Cár rugadh é	Stratford, Ontario, Canada
Peata sa bhaile	madra darb ainm Sammy
A chéad amhrán	One Time, 2009
A chéad albam	My World, 2009
Uirlisí ceoil a sheinneann sé	pianó, giotár, drumaí, trumpa
Na hamhránaithe is fearr leis	Usher agus Justin Timberlake
Ainm a bhainisteora	Scooter Braun
Ainm a dhlúthdhiosca	Never Say Never, 2011
Áit chónaithe	Atlanta, Georgia

❶ Cár rugadh Justin Bieber?

❷ Cén aois é Justin Bieber anois?

❸ Ainmnigh a mham agus a dhaid.

❹ Cá bhfuil cónaí ar Justin Bieber anois?

❺ Ainmnigh amhránaí amháin a thaitníonn leis.

❻ Cén sórt peata atá ag Justin?

❼ Cé hé bainisteoir Justin Bieber?

❽ Déan liosta de na huirlisí ceoil a sheinneann Justin Bieber.

 Téigh go dtí edco.ie/iontas1 chun idirghníomhaíochtaí a dhéanamh.

Bain úsáid as an ríomhaire chun próifíl a scríobh faoin amhránaí is fearr leat. Éist le ceol sa rang.

Ceolchoirm An raibh tú riamh ag ceolchoirm?

Blag

Líon na bearnaí sa bhlag thíos.

Mo Bhlag Ceolchoirm Rihanna

Bhí _____ Rihanna ar fheabhas aréir! Bhain mé an-taitneamh as. Chuir mé na ticéid in áirithe ar an _____ leis an airgead a fuair mé ó mo thuismitheoirí do mo bhreithlá. Bhí sceitimíní an domhain orm ag tnúth leis an gceolchoirm. Tháinig mo _____ Niamh agus Aislinn in éineacht liom.

Shroicheamar an O2 go luath agus d'fhanamar go foighneach. Ar a naoi a chlog rith Rihanna amach ar an _____. Bhí sí go hálainn. Chan sí 'Umbrella' i dtosach agus thosaigh an slua ag screadaíl. Bhí gach duine ag damhsa agus ag _____ an oíche ar fad. Nuair a chan sí 'Rude Boy' chuaigh gach duine le báiní.

Bhí atmaisféar _____ sa staid agus thaitin an t-amhrán 'What's My Name?' go mór le gach duine. Ag deireadh na _____ chan Rihanna 'Only Girl in the World'. Ba cheolchoirm iontach í.

chairde, stáitse, beomhar, ceolchoirm, canadh, hoíche, idirlíon

Cabhair!

chuir mé na ticéid in áirithe	I booked the tickets	ar an idirlíon	on the internet
bhí sceitimíní an domhain orm	I was excited	go foighneach	patiently
chuaigh gach duine le báiní	everyone went mad	atmaisféar beomhar	lively atmosphere

Cleachtadh ag scríobh

Bain úsáid as na nótaí thuas chun alt a scríobh faoi cheolchoirm a chonaic tú.

Cluastuiscint CD 1 Rian 35–37

Éist go cúramach leis na giotaí cainte ar an dlúthdhiosca, agus ansin
freagair na ceisteanna seo thíos. Cloisfidh tú gach giota dhá uair.

Mír 1

1 Roghnaigh an pictiúr ceart.

2 Céard a fuair Bronagh óna tuismitheoirí dá breithlá?

3 Cén aois í Bronagh?

Mír 2

1 Roghnaigh an pictiúr ceart.

2 Cár fhág Tomás a ghiotár?

3 Cén t-am a thosaíonn a rang ceoil?

Scrúdú cainte gearr

Éist leis an dlúthdhiosca – CD 1 Rian 52. Déan an scrúdú cainte gearr thíos agus ansin
scríobh na freagraí i do chóipleabhar.

❶ Ainmnigh na caithimh aimsire is fearr leat.
❷ Cén t-amhránaí is fearr leat?
❸ Cén grúpa ceoil is fearr leat?
❹ An seinneann tú uirlis cheoil? Cén uirlis?
❺ An raibh tú riamh ag ceolchoirm? Cathain?
❻ An bhfuil iPod agat?
❼ An maith leat ceol traidisiúnta?

An phictiúrlann

Cleachtadh ag scríobh

Johnny Depp

Reese Witherspoon

Freagair na ceisteanna thíos os ard sa rang agus ansin scríobh na freagraí i do chóipleabhar. Tá cabhair ar fáil sa bhosca.

❶ An dtéann tú chuig an bpictiúrlann go minic?
❷ Cén saghas scannáin is fearr leat?
❸ Cá gceannaíonn tú na ticéid?
❹ Cén t-aisteoir is fearr leat?
❺ Cén bia a cheannaíonn tú ag an bpictiúrlann?
❻ Ainmnigh scannán amháin a chonaic tú le déanaí.

Cabhair!

téim	I go	**ceannaím**	I buy
cuirim	I put	**bailím**	I collect
buailim le	I meet with	**ithim agus ólaim**	I eat and drink
suím síos	I sit down	**fágaim**	I leave

Cén saghas scannáin is fearr leat?

scannáin ghrinn	comedy films	**scannáin uafáis**	horror films
scannáin bhleachtaireachta	detective films	**scannáin ficsean eolaíochta**	science fiction films
scannáin románsacha	romantic films	**scannáin fhoréigneacha**	violent films

Sa phictiúrlann

oifig na dticéad	the ticket office	**grán rósta**	popcorn
uachtar reoite	ice cream	**deoch**	drink

Cuir agallamh ar do chara sa rang!

Tá tú ag obair do Nuacht TG4. Is aisteoir cáiliúil é/í do chara. Cuir na ceisteanna thuas ar do chara do chlár do dhéagóirí ar TG4. Ansin féach ar chlár ar TG4 sa rang.

Cleachtadh ag scríobh

An dtéann tú chuig an bpictiúrlann go minic? Scríobh alt faoi i do chóipleabhar.
Féach ar an alt thíos.

Léamhthuiscint

Is mise Daithí. Téim chuig an bpictiúrlann uair sa mhí le mo chara Niall. Cuirimid ár dticéid in áirithe ar an idirlíon agus bailímid na ticéid ag oifig na dticéad sa phictiúrlann. Is aoibhinn le mo chara scannáin bleachtaireachta agus is aoibhinn liomsa scannáin uafáis. Bíonn eagla an domhain ar Niall nuair a bhíonn scannán uafáis ar siúl. Cuireann sé a chóta ar a chloigeann! Sula dtosaíonn an scannán ceannaímid uachtar reoite agus milseáin. Is maith linn grán rósta. Ansin téimid isteach chun an scannán a fheiceáil. An t-aisteoir is fearr liom ná Brendan Gleeson. Bhí sé iontach sa scannán *The Guard*. Is sáraisteoir é Colin Farrell freisin.

❶ **Fíor nó bréagach?**

	Fíor	Bréagach
a) Téann Daithí chuig an bpictiúrlann gach seachtain.	☐	☐
b) Téann a chara Niall in éineacht leis.	☐	☐
c) Is aoibhinn le Niall scannáin uafáis.	☐	☐
d) Ceannaíonn siad uachtar reoite agus milseáin.	☐	☐
e) Ní maith leo grán rósta.	☐	☐
f) An t-aisteoir is fearr le Daithí ná Brendan Gleeson.	☐	☐

❷ **Críochnaigh na habairtí thíos.**

Sampla: Téim chuig an bpictiúrlann gach Satharn.

a) Téim chuig an bpictiúrlann _____.

b) Bailím na ticéid _____.

c) Ceannaím _____.

d) An t-aisteoir is fearr _____.

e) Is aoibhinn liom _____.

f) Is fuath liom _____.

Léamhthuiscint

Léigh an giota thíos agus freagair na ceisteanna a ghabhann leis.

Brendan Gleeson

Brendan Gleeson

Rugadh an t-aisteoir Brendan Gleeson i mBaile Átha Cliath ar an 29 Márta 1955. Ba mhúinteoir meánscoile é ar feadh na mblianta. Mhúin sé Gaeilge, Béarla agus corpoideachas. Tá an-suim ag Brendan sa Ghaeilge agus sa cheol traidisiúnta. Seinneann sé an fhidil agus is amhránaí é a dheartháir Barry.

Bhí suim i gcónaí ag Brendan san aisteoireacht agus d'fhág sé an mhúinteoireacht sa bhliain 1989 chun bheith ina aisteoir gairmiúil (professional).

Ghlac sé páirt sna scannáin *Harry Potter*. Ba mhúinteoir é sa scoil draíochta Hogworths. Mad Eye an t-ainm a bhí air. Ghlac sé páirt freisin sna scannáin *Braveheart* agus *The Guard*.

Rinne Brendan scannán i nGaeilge le Charlotte Bradley. *Cáca Milis* an t-ainm atá ar an scannán. Tá *Cáca Milis* ar churaclam (curriculum) na hArdteiste anois.

❶ Cár rugadh Brendan Gleeson?
❷ Ainmnigh dhá ábhar a mhúin Brendan.
❸ Cén uirlis cheoil a sheinneann Brendan?
❹ Cén t-ainm a bhí ar Brendan sna scannáin *Harry Potter*?
❺ Cén t-ainm atá ar an scannán a rinne Brendan i nGaeilge le Charlotte Bradley?

Labhair amach ... labhair os ard!

An bhfaca tú na scannáin *Harry Potter*? Pioc aidiacht amháin as an liosta thíos chun cur síos a dhéanamh ar na scannáin.

Cheap mé go raibh **Harry Potter** *scanrúil ... Cheap mé go ...*

beomhar	lively	**scanrúil**	frightening
suimiúil	interesting	**taitneamhach**	pleasant
uafásach	terrible	**ar fheabhas**	excellent

Bain úsáid as an ríomhaire chun próifíl a scríobh ar an aisteoir is fearr leat.

Léamhthuiscint

Léigh na giotaí thíos agus freagair na ceisteanna a ghabhann leo.

Saoirse Ronan

Saoirse Ronan

Rugadh Saoirse ar an 12 Aibreán 1994 in Nua-Eabhrac. Cé go gcónaíonn sí i gCeatharlach lena tuismitheoirí caitheann sí a lán ama ag taisteal ar fud an domhain. Ghlac sí páirt sna scannáin *Atonement*, *The Lovely Bones*, *City of Ember*, *Byzantium* agus *Violet and Daisy*.

Tá madra ag Saoirse. Sassy an t-ainm atá uirthi.

❶ Cén aois í Saoirse Ronan?
❷ Cár rugadh í?
❸ Cá gcónaíonn sí?
❹ Ainmnigh dhá scannán ar ghlac sí páirt iontu.

Anne Hathaway

Anne Hathaway

Rugadh Anne ar an 12 Samhain sa bhliain 1982 in Brooklyn, Nua-Eabhrac. Bhog sí go New Jersey lena teaghlach nuair a bhí sí sé bliana d'aois.

Tá deartháir amháin agus deirfiúr amháin ag Anne. Is dlíodóir é a daid agus is aisteoir í a mam.

Ghlac sí páirt sna scannáin *Princess Diaries*, *Valentine's Day* agus *Alice in Wonderland*.

❶ Cár rugadh Anne Hathaway?
❷ Cé mhéad duine atá ina teaghlach?
❸ Cén post atá ag a daid?
❹ Ainmnigh scannán amháin ar ghlac sí páirt ann.

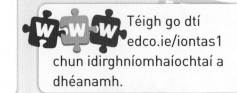 Téigh go dtí edco.ie/iontas1 chun idirghníomhaíochtaí a dhéanamh.

An teilifís
Labhair amach ... labhair os ard!

① Cén clár teilifíse is fearr leat?
② Cathain a fhéachann tú ar an gclár?
③ Cén t-am a thosaíonn an clár?

Meaitseáil
Meaitseáil na pictiúir agus na focail thíos.

clár spóirt	clár nuachta	clár grinn
clár cainte	clár tráth na gceist (quiz)	cartún
clár faisnéise (documentary)	réamhaisnéis na haimsire	clár ceoil

Féach ar chlár teilifíse ar www.tg4.ie sa rang. Pléigh an clár os ard sa rang.

Cleachtadh ag scríobh

❶ Líon na bearnaí thíos.

Is mise Aoife de Búrca. Is cailín spórtúil mé agus taitníonn cláir
_____ go mór liom. Imrím peil ar scoil agus féachaim ar gach
saghas spóirt ar an _____ gach deireadh seachtaine. Tá
deartháir amháin agam. Ruairí is ainm dó agus tá sé ceithre bliana
d'aois. Is aoibhhinn le Ruairí cartúin. *Sponge Bob Square Pants* an
_____ is fearr leis. Taitníonn cláir bhleachtaireachta le mo Dhaid agus is
maith le mo Mham cláir _____.

spóirt, cartún, teilifís, chainte

❷ Féach ar an bpictiúr thíos agus freagair na ceisteanna. Tá cabhair sa bhosca thíos.

a) Cé mhéad páiste atá sa phictiúr?

b) Cén saghas cláir atá ar an teilifís?

c) Cé atá ag féachaint ar an teilifís?

d) Tá cailín ina suí ar an urlár. Céard atá á dhéanamh aici?

e) Cén t-am é?

f) Céard atá á dhéanamh ag an mbuachaill?

g) Cá bhfuil na tuismitheoirí ina suí?

h) Céard atá ar an mbord in aice leis an tolg (sofa)?

 Cabhair!

ríomhaire glúine	laptop	ag seoladh téacsteachtaireachtaí	sending text messages
tolg	sofa	ag féachaint ar an teilifís	watching TV
ag léamh scéil	reading a story	tá mála le milseáin in aice leo	there is a bag with sweets beside them
os comhair na tine	in front of the fire	ag imirt cluiche ríomhaire	playing a computer game

Ainmnigh na réaltaí ó TG4 thíos.

Fógra – Sceideal TG4

Léigh an sceideal agus freagair na ceisteanna thíos.

Dé hAoine 16 Meán Fómhair

10.00 r.n.	Tar ag Spraoi Sesame
11.00 r.n.	Elmo anseo
11.30 r.n.	Dora
12.00 r.n.	Timpeall na Tíre – scéalta an lae
1.00 i.n.	Lorg Lunny
	Téann Dónal Lunny ag taisteal timpeall na tíre ag lorg bannaí ceoil nua.
2.00 i.n.	Ros na Rún
3.00 i.n.	Paisean Faisean
3.30 i.n.	Ó Shabby go Chic
4.00 i.n.	Mo Theach do Theach

❶ Cén clár a bheidh ag tosú ar a leathuair tar éis a dó dhéag?

❷ Cén t-am a thosóidh *Timpeall na Tíre*?

❸ Déan cur síos ar an gclár *Lorg Lunny*.

❹ Cén t-ainm atá ar an gclár le scéalta an lae?

❺ Céard a thosóidh ar a trí a chlog?

❻ Ainmnigh clár amháin a bheidh ar siúl Dé hAoine do pháistí.

Féach ar sceideal TG4 ar shuíomh idirlín TG4. Cum sceideal agus scríobh do sceideal i do chóipleabhar.

Drámaíocht sa rang

Is tusa Aoife Ní Thuairisg. Léigh sceideal TG4 os comhair an ranga.

Spórt

Meaitseáil

Meaitseáil na spóirt agus na réaltaí spóirt thíos.

snámh	swimming	peil ghaelach	gaelic football
rásaíocht charranna	car racing	galf	golf
iománaíocht	hurling	rugbaí	rugby
leadóg	tennis	dornálaíocht	boxing
lúthchleasaíocht	athletics	eachléimneach	showjumping
rásaíocht chapall	horse racing	sacar	soccer

Déan liosta de na réalta spóirt is fearr leat. Cén spórt a imríonn siad?

Lúbra

Aimsigh na spóirt thíos sa lúbra i nGaeilge.

badmantan

eitpheil

rothaíocht

D	O	R	N	Á	L	A	Í	O	C	H	T
T	S	O	N	M	S	E	C	G	Ú	A	B
H	C	Á	É	U	H	B	N	M	R	C	A
Á	U	E	I	T	P	H	E	I	L	A	D
R	A	L	G	L	U	I	F	O	N	B	M
E	I	N	S	A	Q	A	D	C	B	N	A
T	S	O	U	M	N	B	G	N	H	L	N
A	C	I	S	P	H	E	I	L	T	É	T
R	Á	M	H	A	Í	O	C	H	T	U	A
N	B	É	G	Ú	I	N	Í	M	P	L	N
R	O	T	H	A	Í	O	C	H	T	É	D

scuais

dornálaíocht

haca

cispheil

rámhaíocht

Cluiche – Searáidí sa rang

Pioc spórt amháin as an liosta ar leathanach 156 agus déan cur síos ar an spórt sin le do lámha. Má roghnaíonn dalta an spórt caithfidh an dalta sin spórt eile a roghnú! Bain taitneamh as!

Craic sa rang

Déan suirbhé sa rang agus faigh amach céard iad na spóirt a imríonn na daltaí sa rang. Scríobh an liosta i do chóipleabhar.

Labhair amach ... labhair os ard!

Cleachtadh ag scríobh

Obair bheirte

Cuir na ceisteanna thíos ar do chara sa rang.

❶ *An maith leat spórt?*
❷ *Cén spórt is fearr leat?*
❸ *An bhfuil aithne agat ar dhalta atá ar fhoireann na scoile?*
❹ *An dtéann tú chuig cluichí nuair atá do chairde ag imirt?*
❺ *Ainmnigh na spóirt a imríonn na daltaí sa scoil seo.*
❻ *An bhféachann tú ar chláir spóirt ar an teilifís?*
❼ *An dtugann tú tacaíocht (support) do chlub sacair nó do chlub rugbaí?*

Léamhthuiscint Sam Ó Murchú

Léigh an giota thíos agus freagair na ceisteanna a ghabhann leis.

Sam Ó Murchú is ainm dom. Taitníonn spórt go mór liom. Imrím peil agus cispheil ar fhoireann na scoile. Cúpla mí ó shin bhuaigh an scoil craobh an chontae sa pheil. Bhí áthas an domhain ar gach duine agus thug an príomhoide leath lae dúinn.

Féachaim ar spórt ar an teilifís ag an deireadh seachtaine. Rugbaí an spórt is fearr liom. Measaim go bhfuil Paul O'Connell go hiontach. Imríonn mo dheirfiúr Sorcha rugbaí ar scoil freisin agus ceapann sí go bhfuil Fiona Coughlan sármhaith. Is imreoir í Fiona ar fhoireann rugbaí na hÉireann.

❶ Ainmnigh spórt amháin a imríonn Sam ar scoil.
❷ Céard a bhuaigh an scoil sa pheil?
❸ Céard a thug an príomhoide do na daltaí?
❹ Cén spórt is fearr le Sam?
❺ Cén phearsa spóirt is fearr lena dheirfiúr?

Cabhair!

Scríobh alt gearr i do chóipleabhar faoi na spóirt a imríonn tú.

| craobh an chontae | county championship |
| sármhaith | very good |

Léamhthuiscint Iománaíocht

Léigh an giota thíos agus freagair na ceisteanna a ghabhann leis.

Cluiche an-sean agus an-Ghaelach is ea an iománaíocht. Bíonn dhá fhoireann ar an bpáirc imeartha. Bíonn cúig dhuine dhéag ar gach foireann. Imrítear an cluiche le camán i lámha gach imreora agus buailtear liathróid bheag (sliotar) síos agus suas an pháirc ó imreoir go himreoir.

Ag bun agus barr na páirce bíonn dhá chúl. Bíonn an fhoireann ag iarraidh an liathróid a chur thar an trasnán chun cúilín a fháil nó faoin trasnán chun cúl a fháil. Is fiú trí chúilín cúl. Bíonn an réiteoir ag faire go géar ionas nach mbristear na rialacha. Cluiche an-tapaidh is ea an cluiche seo. Gach bliain imrítear cluichí móra i bPáirc an Chrócaigh. Tagann na sluaite chun tacaíocht a thabhairt do na foirne.

 Cabhair!

camán	hurl	**sliotar**	small leather ball
dhá chúl	two goals	**thar an trasnán**	over the bar
fiú	worth	**ag faire go géar**	watching carefully
na sluaite	crowds	**tacaíocht**	support

❶ Cén t-ainm atá ar an gcluiche seo?
❷ Cé mhéad imreoir a bhíonn ar gach foireann?
❸ Cén t-ainm atá ar an liathróid bheag?
❹ Cá mbíonn an dá chúl?
❺ Cá n-imrítear na cluichí móra?

 Léigh scéal Cú Chulainn ar leathanach 170.
 Déan an lúbra ar leathanach 182.

Féach ar chluiche iománaíochta ar www.TG4.ie sa rang.

 Labhair amach ... labhair os ard!

An imríonn tú iománaíocht? Ainmnigh do chlub. Ar bhuaigh sibh cluiche le déanaí?

159

Trealamh spóirt

Meaitseáil

Meaitseáil na focail agus na pictiúir thíos.

raon reatha	linn snámha	bord snúcair	raicéad
cúirt leadóige	clogad	cúirt cispheile	páirc peile
camán	cleathóg	slat iascaigh	galfchúrsa
maidí gailf	slacán		

Cleachtadh ag scríobh

❶ Líon na bearnaí thíos.

a) Is aoibhinn liom a bheith ag snámh. Téim chuig an _____ gach seachtain.

b) Cispheil an spórt is fearr liom. Imrím na cluichí ar chúirt _____.

c) Imríonn daoine _____ le camán.

d) Is í Derval O'Rourke an _____ is fearr liom.

e) Imríonn Rory McIlroy _____.

f) Is aoibhinn le mo Dhaid snúcar. Téann sé chuig an halla _____ go minic.

❷ Fíor nó bréagach?

	Fíor	Bréagach
a) Imríonn tú leadóg bhoird le slacán.	☐	☐
b) Téann daoine ag iascaireacht le slat iascaigh.	☐	☐
c) Cuireann tú clogad ar do chosa nuair atá tú ag imirt peile.	☐	☐
d) Téann tú ag snámh ar an raon reatha.	☐	☐
e) Imríonn daoine galf le maidí gailf.	☐	☐

❸ Léigh an t-alt faoi Rory McIlroy agus freagair na ceisteanna thíos.

Léamhthuiscint Galf – Rory McIlroy

Rory McIlroy an t-ainm atá ar dhuine de na himreoirí gailf is fearr ar domhan. Rugadh Rory ar an 4 Bealtaine 1989 i Hollywood, Contae an Dúin. Thosaigh sé ag imirt gailf lena athair nuair a bhí sé an-óg. Ghlac Rory páirt ina chéad Chorn Ryder sa bhliain 2010 agus bhuaigh foireann na hEorpa an corn. Ina dhiaidh sin bhuaigh sé An Chraobh Oscailte (The Open Championship) sna Stáit Aontaithe sa bhliain 2011. Caitheann Rory a lán ama ag taisteal ar fud an domhain.

❶ Cén aois é Rory McIlroy?
❷ Cár rugadh é?
❸ Cathain a thosaigh sé ag imirt gailf?
❹ Céard a bhuaigh foireann na hEorpa?
❺ Céard a bhuaigh Rory sa bhliain 2011?

Cabhair!

Corn Ryder	Ryder Cup
foireann na hEorpa	the European team
ag taisteal	travelling

Léamhthuiscint Peil Ghaelach

Bíonn an-spéis ag muintir na hÉireann sa pheil. Imrítear an cluiche seo le liathróid mhór leathair. Bíonn cúig dhuine dhéag ar gach foireann. Buaileann na himreoirí an liathróid leis na cosa agus leis na lámha. Cosúil leis an iománaíocht bíonn an fhoireann ag iarraidh cúl nó cúilín a aimsiú.

Caitheann gach contae dathanna éagsúla agus nuair a bhíonn cluiche mór ar siúl is breá an radharc é an lucht féachana ag tabhairt tacaíochta dá bhfoirne féin. Imríonn fir agus mná peil Ghaelach. Bíonn éileamh mór ar thicéid do na cluichí ceannais mar go dteastaíonn óna lán daoine an cluiche a fheiceáil.

Cabhair!

an-spéis	great interest	liathróid leathair	leather ball
lucht féachana	supporters	ag tabhairt tacaíochta	supporting
éileamh	demand	na cluichí ceannais	the finals

❶ Cé mhéad duine a bhíonn ar gach foireann?
❷ Conas a bhuaileann na himreoirí an liathróid?
❸ Cad a chaitheann gach contae nuair a bhíonn cluiche mór ar siúl?
❹ Cé a imríonn peil Ghaelach?

Obair ealaíne

Maisigh an seomra ranga le brait éagsúla. Iarr ar gach dalta contae a phiocadh agus brat a dhéanamh. Croch iad ar na ballaí sa seomra ranga.

Féach ar chluiche peile ar www.TG4.ie sa rang.

Cleachtadh ag scríobh

Faigh eolas faoi réalta spóirt ar an idirlíon agus scríobh próifíl i do chóipleabhar.

Cárta poist

A Sheáin, a chara,

Aoife anseo. Tá mé anseo in Wimbledon don deireadh seachtaine. Tá an aimsir te agus grianmhar agus tá mé ag baint taitnimh as. Inné chonaic mé cluiche idir Andy Murray agus Rafa Nadal. Bhí sé iontach! Lean an cluiche ar aghaidh ar feadh ceithre huaire!
Tá mé ag tnúth go mór le cluiche mór ar chúirt uimhir a haon amárach. Beidh Maria Sharapova ag imirt in aghaidh Petra Kvitova. Tosóidh an cluiche ar a haon déag.
Beidh mé ag teacht abhaile an Luan seo chugainn. Cuirfidh mé glao ort ansin.

Slán go fóill,
Aoife

Seán Ó Laoire

83 Páirc Naomh Áine

Gaillimh

❶ Cá bhfuil Aoife?
❷ Déan cur síos ar an aimsir.
❸ Cén cluiche a chonaic Aoife inné?
❹ Cén t-am a thosóidh an cluiche amárach?
❺ Cathain a bheidh Aoife ag teacht abhaile?

Cleachtadh ag scríobh

Tá tú ag na Cluichí Oilimpeacha. Seol cárta poist chuig do chara sa bhaile. Tá cabhair sa bhosca.

na comórtais lúthchleasaíochta	athletics competitions	**ar fheabhas**	wonderful
na comórtais dornálaíochta	boxing competitions	**corraitheach**	exciting
bhí mé an-bhródúil	I was very proud	**bonn óir**	gold medal
bonn cré-umha	bronze medal	**bonn airgid**	silver medal
chonaic mé an searmanas oscailte	I saw the opening ceremony	**taitneamhach**	enjoyable

Cluastuiscint CD 1 Rian 38–40

Éist go cúramach leis na giotaí cainte ar an dlúthdhiosca, agus ansin
freagair na ceisteanna seo thíos. Cloisfidh tú gach giota dhá uair.

Mír 1

1 Roghnaigh an pictiúr ceart. ☐

 **a**
 **b**
 **c**

2 Cén lá a bheidh an cluiche ar siúl?

3 Cén t-am a bheidh an bus ag fágáil charrchlós na scoile?

Mír 2

1 Roghnaigh an pictiúr ceart. ☐

 **a**
 **b**
 **c**

2 Céard a bhuaigh Éamonn ar Spin FM? i. _____
ii. _____

3 An raibh an cluiche go maith?

Scrúdú cainte gearr

Éist leis an dlúthdhiosca – CD 1 Rian 53. Déan an scrúdú cainte gearr thíos agus ansin
scríobh na freagraí i do chóipleabhar.

❶ An dtéann tú chuig club spóirt nó club óige? Céard a dhéanann tú ann?

❷ Ainmnigh na spóirt a imríonn tú. Cathain a bhíonn traenáil agat?

❸ Ar bhuaigh foireann na scoile aon chomórtas mór le déanaí? An raibh tú ag an gcluiche?

❹ Cén spórt is fearr leat ar an teilifís?

❺ An bhfaca tú cluiche i bPáirc an Chrócaigh riamh? Cé a bhí ag imirt?

❻ An raibh tú riamh i Staid Aviva?

Súil siar ar Aonad a Seacht – A

❶ Cuir Gaeilge ar na habairtí thíos.

a) I love music. _____

b) I watch the TV every day. _____

c) I play hurling and football. _____

d) I like tennis and rugby. _____

❷ Cén saghas clár teilifíse atá sna pictiúir thíos.

① ② ③ ④

RD FLU

_____ _____ _____ _____

❸ Líon na bearnaí thíos.

Is aoibhinn liom an _____. Téim ann le mo _____
gach deireadh seachtaine. Taitníonn scannáin uafáis go mór liom.
De ghnáth cuirim na _____ in áirithe ar an idirlíon agus
bailím na ticéid ag oifig na dticéad. Nuair a théimid isteach sa
phictiúrlann ceannaímid deoch agus _____ agus ansin
tugaimid na ticéid don fhreastalaí. Nuair a bhíonn an scannán
críochnaithe faighimid an _____ abhaile.
milseáin, phictiúrlann, ticéid, bus, chairde

**❹ Léigh an teachtaireacht ríomhphoist thíos agus ansin scríobh teachtaireacht sa bhosca ar
leathanach 166.**

Ó:	Rónán
Do:	Daid
Dáta:	6 Márta
Ábhar:	Linn snámha

Déardaoin, 2.00

A Dhaid,
Tá mé imithe chuig an linn snámha le Conall agus Brian. Tá comórtas ar
siúl. Beidh mé sa bhaile ar a hocht a chlog.
Slán tamall,
Rónán

Súil siar ar Aonad a Seacht – B

Tá tú imithe chuig an leabharlann le do chairde. Seol teachtaireacht ríomhphoist chuig do thuismitheoirí ag rá cá bhfuil tú imithe, cé atá in éineacht leat agus cathain a bheidh tú ag teacht abhaile.

Ó:

Do:

Dáta:

Ábhar:

Scrúdú cainte gearr 1

❶ Ainmnigh na caithimh aimsire is fearr leat.
❷ Cén t-amhránaí is fearr leat?
❸ Cén grúpa ceoil is fearr leat?
❹ An seinneann tú uirlis cheoil? Cén uirlis?
❺ An raibh tú riamh ag ceolchoirm? Cathain?
❻ An bhfuil iPod agat?
❼ An maith leat ceol traidisiúnta?

Scrúdú cainte gearr 2

❶ An dtéann tú chuig club spóirt nó club óige? Céard a dhéanann tú ann?
❷ Ainmnigh na spóirt a imríonn tú. Cathain a bhíonn traenáil agat?
❸ Ar bhuaigh foireann na scoile aon chomórtas mór le déanaí? An raibh tú ag an gcluiche?
❹ Cén spórt is fearr leat ar an teilifís?
❺ An bhfaca tú cluiche i bPáirc an Chrócaigh riamh? Cé a bhí ag imirt?
❻ An raibh tú riamh i Staid Aviva?

Is glas iad na cnoic i bhfad uainn.

Dóchas

le Cathal Ó Searcaigh

Seo mé maidin Samhraidh
ag ól tae, ag léamh
agus ag cumadh véarsaí.
Níl pingin rua i mo phócaí
Ach tá dánta agam a thógann mo chroí.

Éist leis an dán seo ar dlúthdhiosca an mhúinteora, rian 4.

 Cabhair!

dóchas	hope
ag cumadh	composing
pingin rua	a red cent

❶ Céard atá á dhéanamh ag an bhfile?
❷ Cén t-am den bhliain atá i gceist?
❸ Conas atá a fhios againn nach bhfuil mórán airgid ag an bhfile?
❹ Céard a chuireann áthas ar an bhfile?
❺ Scríobh scéal an dáin i d'fhocail féin.
❻ Tarraing pictiúr den ghrian ag dul faoi i nDún na nGall.
❼ Scríobh dán ag déanamh cur síos ar na rudaí a chuireann áthas ort i do shaol.
❽ An bhfuil aon dánta eile le Cathal Ó Searcaigh ar eolas agat? Faigh eolas faoi ar an idirlíon.

Fionn agus an Bradán Feasa

Éist leis an scéal ar dhlúthdhiosca an mhúinteora, rian 5.

Nuair a bhí Fionn ina bhuachaill óg d'fhan sé ar bhruach na Bóinne le Finnéagas a mhúinteoir. Chaith sé an lá ag foghlaim filíochta agus scéalta na hÉireann. Bhí Finnéagas ina chónaí ansin mar go raibh bradán draíochta san uisce agus theastaigh uaidh breith air. Bheadh eolas an domhain ag an duine a bhlaisfeadh an t-iasc draíochta.

Lá amháin chuala Fionn scread áthais ó Fhinnéagas.
'Tá an bradán agam anois. Tóg an t-iasc luachmhar seo, las an tine agus déan an chócaireacht dom. Ach ná blas an t-iasc!' arsa Finnéagas le Fionn.

Las Fionn an tine agus chuir sé an bradán ar an tine. Bhí ag éirí go breá leis go dtí gur chas sé an t-iasc. Dhóigh sé a ordóg agus chuir sé a ordóg ina bhéal chun deireadh a chur leis an bpian. Go tobann bhí an t-eolas go léir a bhí sa domhan ar eolas aige. As sin amach aon uair a bhí fadhb aige, chuir sé a ordóg ina bhéal agus tháinig an freagra chuige láithreach.

❶ Ar thaitin an scéal seo leat? Cén fáth?
❷ Tarraing pictiúr den scéal i do chóipleabhar.
❸ Déan dráma den scéal seo sa rang.
❹ Léigh an scéal os ard sa rang.

Cú Chulainn

Éist leis an scéal ar dhlúthdhiosca an mhúinteora, rian 6.

Buachaill óg seacht mbliana ab ea Setanta. Theastaigh uaidh dul go dtí Ard Mhacha agus a bheith ina bhall den Chraobh Rua.

'Tá tú ró-óg fós,' arsa a athair leis ach ní raibh Setanta sásta. Lá amháin d'imigh sé leis. Bhí camán agus sliotar aige. Bhí an turas fada ach bhuail sé an sliotar agus rith sé ina dhiaidh. Nuair a shroich sé Ard Mhacha chonaic sé na buachaillí ag imirt iománaíochta agus isteach leis sa chluiche freisin.

Oíche amháin fuair gach éinne cuireadh teacht chuig féasta mór. Bhí Setanta déanach ag teacht agus nuair a tháinig sé go dtí an teach chuala sé gleo ag teacht ina threo. Madra mór fíochmhar, le fiacla fada géara, a bhí os a chomhair amach. Bhuail Setanta sliotar agus leag sé an madra. Bhí áthas ar gach éinne go raibh sé slán ach bhí brón ar Chulann mar go raibh a mhadra marbh.

'Tabharfaidh mise aire do do theach go dtí go mbeidh madra eile agat,' arsa Setanta. Ón lá sin amach bhí ainm nua aige, Cú Chulainn.

❶ Ar thaitin an scéal seo leat? Cén fáth?

❷ Tarraing pictiúr den scéal i do chóipleabhar.

❸ Déan dráma den scéal seo sa rang.

❹ Léigh an scéal os ard sa rang.

❺ Tarraing pictiúr de Shetanta agus croch na pictiúir ar na ballaí sa seomra ranga.

❻ Cén sórt buachalla é Setanta? Scríobh alt faoi i do chóipleabhar.

An Leipreachán

Éist leis an scéal ar dhlúthdhiosca an mhúinteora, rian 7.

Oíche dhubh dhorcha a bhí ann. Bhí Mícheál ag siúl abhaile ón mbaile mór. Chuala sé fothram sa sceach. D'fhéach sé isteach sa sceach agus bhí ionadh an domhain air nuair a chonaic sé leipreachán beag os a chomhair amach.

'Tá an t-ádh orm,' ar seisean. 'Tá pota óir ag gach leipreachán. Beidh mé saibhir!'

Rug sé ar an leipreachán. 'Inis dom cá bhfuil an pota óir.'
'Tá sé sa talamh faoin sceach,' arsa an leipreachán.

Cheangail Mícheál a scaif dhearg timpeall na sceiche.

'Beidh a fhios agam nuair a fhillfidh mé cén áit a bhfuil an pota.'

Rith sé abhaile agus fuair sé spád ach nuair a tháinig sé ar ais chonaic sé scaif dhearg ceangailte ar gach sceach.
Bhí brón ar Mhícheál. Bhí an leipreachán cliste agus ní bheidh Mícheál saibhir.

❶ a) Cá raibh Mícheál ag dul?
   b) Céard a chonaic sé sa sceach?
   c) Cár chuir Mícheál a scaif?
   d) Nuair a tháinig Mícheál ar ais lena spád, céard a chonaic sé?

❷ a) Ar thaitin an scéal seo leat? Cén fáth?
   b) Tarraing pictiúr den scéal i do chóipleabhar.
   c) Déan dráma den scéal seo sa rang.
   d) Léigh an scéal os ard sa rang.
   e) An raibh an scéal seo greannmhar? Cén fáth?
   f) Cá bhfios duit go raibh an leipreachán cliste?

Léamhthuiscint
Ceol Traidisiúnta

Léigh an t-alt agus freagair na ceisteanna thíos.

Is mise Liam Ó Conchubhair. Rugadh agus tógadh i mBaile Átha Cliath mé. Tá beirt deartháireacha agus deirfiúr amháin agam. Is mise an duine is óige i mo chlann. Is múinteoir bunscoile mé.

Ó bhí mé óg bhí ceol traidisiúnta le cloisteáil i mo theach. Is sárcheoltóir é m'athair agus is as Co. an Chláir mo mháthair, áit ina bhfuil an ceol an-láidir. Is aoibhinn liom an ceol traidisiúnta. Bainim an-taitneamh as an gceol a sheinnt. Seinnim ceol beagnach gach lá. Seinneann mo dheirfiúr Aoife ceol ar an gconsairtín. Seinneann mo bheirt deartháireacha Darach agus Dónal an fhidil. Seinnim an fhidil agus an consairtín chomh maith. Bhí áthas an domhain orm nuair a bhuaigh mé duais TG4 'Gradam Ceoltóir Óg na Bliana' i 2002. Téim timpeall na tíre agus ar fud an domhain ag múineadh an cheoil sna ceardlanna éagsúla.

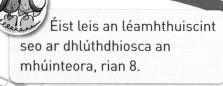

Éist leis an léamhthuiscint seo ar dhlúthdhiosca an mhúinteora, rian 8.

1 Cá bhfuil Liam ina chónaí?
2 Cé mhéad deartháir atá aige?
3 Cé mhéad deirfiúr atá ag Liam?
4 Cé mhéad uirlis cheoil a sheinneann sé?
5 Ainmnigh iad.
6 An raibh brón air nuair a bhuaigh sé an comórtas?

Éist le ceol sa rang nó féach ar chlár ceoil ar TG4.

Obair bheirte – An maith leat ceol?

❶ An maith leat ceol traidisiúnta?
❷ An seinneann tú uirlis cheoil?
❸ Cén saghas ceoil is aoibhinn leat?
❹ An bhfaca tú ceolchoirm riamh?

Cúinne na Gramadaí

Bígí cúramach! Tagann an fhoirm uatha i gcónaí tar éis *cé mhéad*?

Crosfhocal

Éist leis an bpíosa ceoil le hEdel Fox ar dhlúthdhiosca an mhúinteora rian 9.

Trasna

❶

❷

❸

❹

❺

Síos

❶ ❷

❸ ❹

Lúbra

G	C	O	N	S	A	I	R	T	Í	N	P	F
Ó	T	E	R	T	B	O	D	H	R	Á	N	I
D	H	E	É	H	E	L	U	Ó	L	Ú	A	D
A	M	M	É	A	R	C	H	L	Á	R	R	I
E	B	N	D	I	O	M	R	B	I	N	Ó	L
F	A	I	A	R	G	R	I	N	R	E	Ú	L
I	I	F	N	Ó	I	B	A	M	O	S	O	Í
G	N	D	D	É	O	I	T	N	O	C	T	N
O	S	A	I	H	T	A	O	B	E	U	E	C
I	E	O	C	L	Á	I	R	S	E	A	C	H
F	O	N	I	Á	T	S	G	Ó	D	A	E	F
N	G	T	B	O	S	C	A	C	E	O	I	L

cláirseach	fidil	bainseo
bosca ceoil	bodhrán	feadóg stáin
méarchlár	consairtín	feadóg mhór

Léamhthuiscint
Ceol Traidisiúnta

Léigh an t-alt agus freagair na ceisteanna thíos.

Éist leis an léamhthuiscint seo ar dlúthdhiosca an mhúinteora, rian 10.

Dia daoibh. Is mise Clara de Búrca. Táim i mo chonaí i gCo. an Chláir. Táim naoi mbliana déag d'aois. Freastalaím ar choláiste i dTrá Lí i gContae Chiarraí. Seinnim an consairtín.

Is aoibhinn liom an damhsa ar an sean-nós. Féach orm sa phictiúr. Bhí mé ar mo laethanta saoire. Chuala mé ceol bríomhar. D'iarr duine éigin orm damhsa a dhéanamh. Léim mé suas ar an seanbhord agus thosaigh mé ag damhsa. Is breá liom an damhsa. Ó bhí mé óg bhí ceol le cloisteáil agus damhsa le feiceáil i mo theach mar bhí mo mháthair, mo sheanathair agus mo sheanmháthair tugtha don cheol agus don rince.

Sa dara pictiúir táim ag damhsa sa seit. Bhuamar cúpla duais ag Fleadh Cheoil na hÉireann do Sheit Cho. an Chláir. Bíonn ochtar sa seit de ghnáth – ceathrar cailíní agus ceathrar buachaillí. Bíonn craic iontach againn!

❶ Cá bhfuil Clara ina cónaí?
❷ Cá bhfuil Clara ag freastal ar an gcoláiste?
❸ Cad a rinne sí nuair a bhí sí ar a laethanta saoire?
❹ Cén sórt ceoil a bhí ar siúl?
❺ Cé mhéad duine a ghlacann páirt i seit de ghnáth?

Léigh an dán agus freagair na ceisteanna thíos.

AR MAIDIN

Ghléas Seán é féin ar maidin
Nach é atá go deas
Chuir sé bríste ar a chloigeann
Tá a léine droim ar ais
Chuir sé geansaí ar a chosa
Chuir sé scaif ar lámh amháin
'Ba mhaith liom dul amach anois
Táim gléasta,' arsa Seán.

Éist leis an dán seo ar dhlúthdhiosca an mhúinteora, rian 11.

Cabhair!

Ghléas Seán	Seán dressed
Táim gléasta	I am dressed
droim ar ais	back to front
cloigeann	head

❶ Cad a chuir Seán ar a chloigeann?
❷ Céard a chuir sé ar a chosa?
❸ Cad a dúirt Seán nuair a bhí sé gléasta?
❹ Athscríobh an dán seo. In ionad an ainm 'Seán' cuir isteach an t-ainm 'Bláithín'.

le Con Ó Tuama

Éist leis an dán seo ar dhlúthdhiosca an mhúinteora, rian 12.

Hí, hí, sin bogha báistí,
Thuas go hard sa spéir, a chroí.
Cá bhfuil an próca óir?
An bhfeiceann tusa é, a stór?
Ná lig don ghrian a theacht
Nó beidh an bogha ag imeacht.

❶ Cá bhfuil an bogha báistí?
❷ Céard iad na dathanna atá sa bhogha báistí?
❸ An bhfaca tú bogha báistí riamh?
❹ Cad a tharlaíonn nuair a thagann an ghrian?

Dán a chumadh

Cum dán nó rap sa rang faoi bhogha báistí.

Léigh an scéal faoin leipreachán ar leathanach 171.

An Iomáint

Éamonn Ó Faogáin

Ar dhroim an domhain níl radharc is áille,
Ná tríocha fear ag bualadh báire,
Ar pháirc mhór ghlas faoi thaitneamh gréine,
Is na gártha molta ag dul chun spéire.

An tríocha fear ag rith is ag léimneach,
Buillí á mbualadh le neart is le héifeacht,
Tapúlacht coise is oilteacht láimhe,
Ar dhroim an domhain níl radharc is áille.

Dhá fhoireann ghroí in aghaidh a chéile,
Gach fear i mbarr a nirt is a réime,
Camán á luascadh ar fud na páirce,
Is an sliotar ag imeacht ar luas in airde.

An tríocha fear ag rith is ag léimneach,
Buillí á mbualadh le neart is le héifeacht,
Tapúlacht coise is oilteacht láimhe,
Ar dhroim an domhain níl radharc is áille.

Ar dhroim an domhain níl radharc is áille,
Ná tríocha fear ag bualadh báire,
Ar pháirc mhór ghlas faoi thaitneamh gréine,
Is na gártha molta ag dul chun spéire.

Dhá fhoireann ghroí in aghaidh a chéile,
Gach fear i mbarr a nirt is a réime,
Camán á luascadh ar fud na páirce,
Is an sliotar ag imeacht ar luas in airde.

Éist leis an amhrán seo ar dhlúthdhiosca an mhúinteora, rian 13.

An Iomáint

There is nowhere in the world a more
beautiful sight,
Than thirty men playing hurling,
On a big green field under a shining sun,
With the cheers reaching to the sky.

The thirty men running and jumping,
Striking done with power and effect,
Speed of foot and dexterity of hand,
There is nowhere in the world a more
beautiful sight.

Two strong teams competing with each other,
Every man at the peak of his strength and ability,
Hurls being swung throughout the pitch,
And the sliotar speeding into the air.

The thirty men running and jumping,
Striking done with power and effect,
Speed of foot and dexterity of hand,
There is nowhere in the world a more
beautiful sight.

There is nowhere in the world a more
beautiful sight,
Than thirty men playing hurling,
On a big green field under a shining sun,
With the cheers reaching to the sky.

Two strong teams competing with each other,
Every man at the peak of his strength and ability,
Hurls being swung throughout the pitch,
And the sliotar speeding into the air.

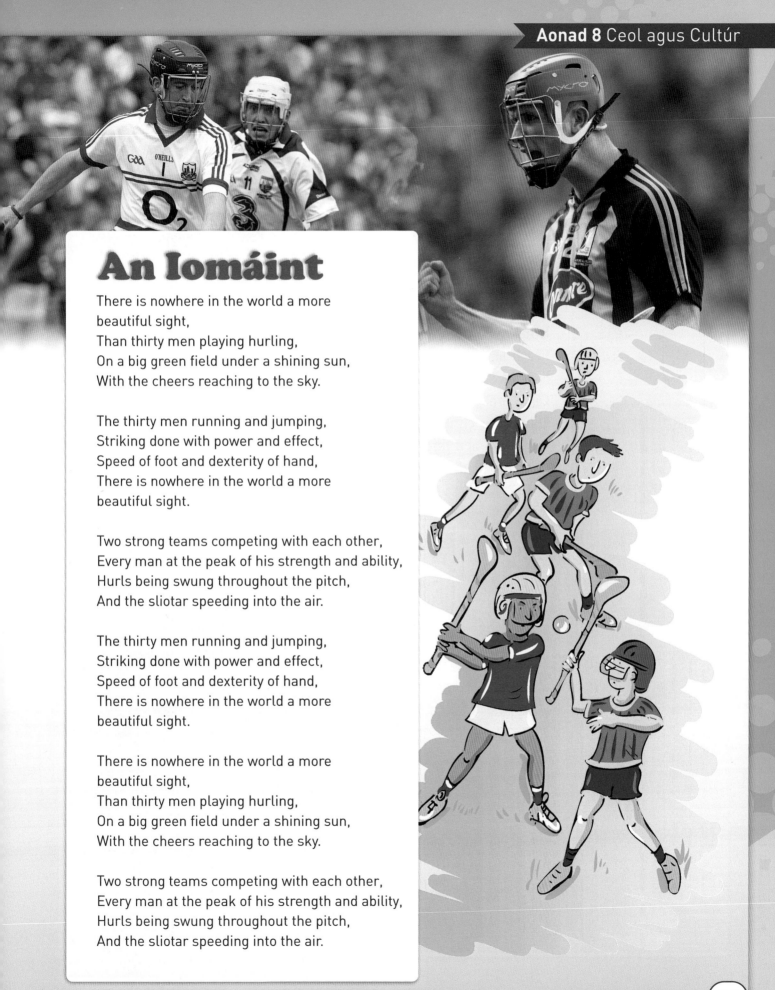

Aoibhinn bheith san Iarthar

Póilín Ní Náirigh

Éist leis an dán seo ar dhlúthdhiosca an mhúinteora, rian 14.

Aoibhinn bheith san Iarthar
Is an ghrian ar mhuir is trá;
Ag lasadh na taobhtíre,
Gach cnoc is gleann is bá.
Bíonn na sléibhte arda maorga
Is na lochanna leathana donn;
Féach ar phortaigh ann le fraoch,
Is ar na srutháin féin le fonn.
Gabh amach is labhair le díograis
Le muintir chneasta lách;
Bíonn am acu don chuairteoir,
Cuireann siad fáilte fhial roimh chách.

1 Ar thaitin an dán seo leat? Cén fáth?
2 Tarraing pictiúr den dán i do chóipleabhar.
3 Déan dráma den dán seo sa rang.
4 Léigh an dán os ard sa rang.

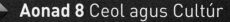

Léamhthuiscint Lar Corbett

Léigh an t-alt agus freagair na ceisteanna thíos.

Seo é Lar Corbett. Is as Co. Thiobraid Árann é. Is aoibhinn leis an cluiche iománaíochta. Bhí sé ar an bhfoireann a bhuaigh Corn Mhic Cárthaigh sa bhliain 2010. Bhí Lar ar fheabhas. Sa chluiche ceannais fuair Lar sé chúl agus aon chúilín déag. I lá amháin fuair sé trí chúl. Bhí sé ag caitheamh a chuid éadaigh iománaíochta ag an gcluiche sin. Chaith sé a bhríste iománaíochta, a gheansaí iománaíochta, a stocaí iománaíochta agus a bhuataisí iománaíochta. Bhí sé ag caitheamh a chlogaid ar a chloigeann. Bhuail sé an sliotar leis an gcamán.

Éist leis an léamhthuiscint seo ar dhlúthdhiosca an mhúinteora, rian 15.

❶ Cárbh as do Lar Corbett?
❷ Cé mhéad cúl a fuair sé i lá amháin?
❸ Déan cur síos ar na héadaí a bhí á gcaitheamh aige.
❹ Cén fáth ar chuir sé clogad ar a chloigeann?
❺ Céard é ainm an choirn a bhuaigh Co. Thiobraid Árann?

Cabhair!

cluiche iománaíochta	game of hurling
geansaí iománaíochta	hurling jersey
buataisí iománaíochta	hurling boots
camán	hurl
comórtas ceannais	championship
cúl	goal
cúilín	point
cloigeann	head
clogad	helmet
ar fheabhas	wonderful

Féach ar chluiche iománaíochta sa rang ar www.tg4.ie.

Lúbra

A	E	S	R	E	R	F	T	C	D	U	I	A	S	Ó	B	N	M	H	P
T	R	T	R	F	A	C	D	E	U	H	B	N	M	L	O	P	B	G	H
R	R	O	É	G	E	A	N	S	A	Í	P	E	I	L	E	Á	U	D	R
F	H	C	S	M	R	S	D	T	F	D	G	C	G	B	N	M	A	S	R
G	E	A	N	S	A	Í	I	O	M	Á	N	A	Í	O	C	H	T	A	T
E	F	Í	G	F	G	H	L	C	R	H	L	M	C	B	R	B	A	N	F
M	A	P	D	E	C	R	A	A	R	A	T	Á	G	B	N	N	I	N	C
O	É	E	P	O	I	P	T	Í	M	A	S	N	C	B	T	U	S	B	C
C	V	I	W	S	D	O	M	I	F	G	H	M	Ú	N	M	L	Í	I	U
U	O	L	B	N	I	A	O	O	R	E	E	D	U	I	N	N	P	O	P
G	N	E	N	L	G	P	T	M	A	N	M	H	U	I	Ú	G	E	I	I
E	L	P	S	F	G	R	T	Á	É	S	E	E	B	N	M	T	I	L	O
R	T	T	U	H	N	B	F	N	Ú	C	E	B	N	R	F	H	L	P	G
E	D	O	B	O	P	H	B	A	S	G	H	A	D	F	E	R	E	D	C
Í	N	B	P	C	T	G	H	Í	B	G	T	R	F	D	C	D	E	F	S
T	B	R	Í	S	T	E	I	O	M	Á	N	A	Í	O	C	H	T	A	G
E	H	B	F	D	M	E	R	C	T	G	B	D	E	R	P	C	R	T	H
R	T	Í	M	L	K	N	I	H	F	B	N	U	I	O	I	U	O	P	A
L	I	T	H	B	R	Í	S	T	E	P	E	I	L	E	O	U	I	D	F
E	E	D	S	G	G	L	I	A	T	H	R	Ó	I	D	P	E	I	L	E

geansaí iománaíochta	stocaí peile	sliotar
buataisí peile	bríste iománaíochta	bríste peile
geansaí peile	stocaí iománaíochta	camán
	liathróid peile	

Léamhthuiscint Cibé

Léigh an t-alt agus freagair na ceisteanna thíos.

Éist le dlúthdhiosca an mhúinteora rian 16.

Is as Baile Átha Cliath an grúpa 'Cibé'. Is cairde iad go léir. Tháinig ochtar le chéile agus bunaíodh an grúpa 'Cibé' sa bhliain 2008. Bhí orthu uirlisí éagsúla a bheith acu sa ghrúpa chun ceol deas a dhéanamh. Is iad na huirlisí ceoil atá le cloisteáil sa ghrúpa seo ná an consairtín, an chláirseach, an fheadóg mhór, an bosca ceoil, an giotár, an fhidil, an bainseo, an maindilín agus an méarchlár. Seinneann cuid acu níos mó ná uirlis amháin. Bhí ar gach duine sa ghrúpa a bheith idir dhá bhlian déag d'aois agus naoi mbliana déag d'aois. Dá dheasca sin bhí ar chuid acu éirí as an ngrúpa mar go raibh siad róshean. Bhí beirt bhuachaillí agus seisear cailíní sa ghrúpa sa bhliain 2011. Is sárcheoltóirí iad go léir. Tagann na ceoltóirí le céile go han-mhinic mar baineann siad an-chuid suilt as an gceol.

❶ Cé mhéad cailín atá sa ghrúpa seo?
❷ Cé mhéad buachaill atá sa phictiúr?
❸ Déan liosta de na huirlisí ceoil atá le feiceáil sa ghrianghraf seo.
❹ Cé mhéad consairtín, cé mhéad feadóg mhór, cé mhéad fidil atá sa phictiúr?
❺ Cén fáth ar fhág cuid acu an grúpa 'Cibé'?
❻ Scríobh alt faoin ngrúpa 'Cibé'.

Cabhair!

bunaíodh	it started	an giotár	guitar
an fhidil	fiddle	an bosca ceoil	accordion
uirlisí éagsúla	different instruments	níos mó	more
		dá dheasca sin	as a result of that
an bainseo	banjo		
an consairtín	concertina	sceitimíní áthais	delighted
an maindilín	mandolin	róshean	too old
an chruit	harp	an-chuid suilt	a lot of enjoyment
an méarchlár	key board		
an fheadóg mhór	flute	gliondar croí	delighted

Léamhthuiscint
Comhaltas Ceoltóirí Éireann

Éist le dlúthdhiosca an mhúinteora rian 17.

Léigh an t-alt agus freagair na ceisteanna thíos.

Eagraíonn Comhaltas Ceoltóirí Éireann fleadh i ngach contae in Éirinn. Glacann daoine páirt sna comórtais uirlisí ceoil, comórtais amhránaíochta, agus comórtais damhsa. Tarlaíonn sé seo ag tús an tsamhraidh.

I rith an tsamhraidh glacann na buaiteoirí ó Fhleadh an Chontae páirt i gcomórtais na gCúigí. Ansin, leanann na buaiteoirí ó na ceithre Fhleadh Cúige ar aghaidh go dtí an comórtas mór ag tús an fhómhair – Fleadh Cheoil na hÉireann. Tarlaíonn sé seo i Mí Lúnasa. Díreach roimh an gcomórtas mór seo is féidir leis na hiomaitheoirí páirt a ghlacadh i gceardlann speisialta – 'sé sin Scoil Éigse. Bíonn an t-atmaisféar ar fheabhas ag Fleadh Cheoil na hÉireann. Ó mhaidin go hoíche bíonn ceol le cloisteáil agus damhsa le feiceáil.

❶ Céard a eagraíonn Comhaltas Ceoltóirí Éireann i ngach contae in Éirinn?

❷ Cathain a ghlacann na buaiteoirí ó Fhleadh an Chontae páirt i gcomórtais na gCúigí?

❸ Cathain a bhíonn an chuid is mó do na ceardlanna ar siúl? Cé a eagraíonn Fleadh Cheoil na hÉireann?

❹ Cad is ainm don cheardlann a bhíonn ar siúl díreach roimh Fhleadh Cheoil na hÉireann?

Féach ar shuíomh idirlín Chomhaltas Ceoltóirí Éireann. Éist le ceol sa rang nó féach ar chlár ceoil ar www.TG4.ie.

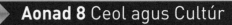

Éist leis an dán ar dhlúthdhiosca an mhúinteora, rian 18.

An Fómhar
le Póilín Ní Náirigh

Is fearr liom séasúr an fhómhair,
Ná séasúr ar bith eile, a stór.

Bíonn na torthaí éagsúla an-aibí,
Is goirt bainte ag breathnú mar ór.

Bíonn ceobhrán na tuaithe mistéireach,
Ag cur le dathanna na nduilleog go mór.

Ar ball titeann siad síos ar na bealaí,
Is ansin bíonn siad imithe gan ghlór.

 Cabhair!

torthaí	fruit
aibí	ripe
goirt	fields
ceobhrán	fog
mistéireach	mysterious

❶ Déan cur síos ar an dúlra san fhómhar.
❷ Céard a tharlaíonn do na duilleoga?
❸ Tarraing pictiúr den fhómhar i do chóipleabhar.

Amhrán

Mo Ghile Mear
le Fionnuala Gill

Bímse buan ar buairt gach ló
Ag caoi go crua 's ag tuar na ndeor,
Mar scaoileadh uainn an buachaill beo
'S ná ríomhthar tuairisc uaidh, mo bhrón!

'Sé mo laoch, mo Ghile Mear,
'Sé mo Shaesar, Ghile Mear,
Suan ná séan ní bhfuaireas féin
Ó chuaigh i gcéin mo Ghile Mear.

Ní labhrann cuach go suairc ar nóin
Is níl guth gadhair i gcoillte cnó,
Ná maidin shamhraidh i gcleanntaibh ceoigh
Ó d'imthigh uaim an buachaill beó.

'Sé mo laoch, mo Ghile Mear,
'Sé mo Shaesar, Ghile Mear,
'Suan ná séan ní bhfuaireas féin
Ó chuaigh i gcéin mo Ghile Mear.

Seinntear stair ar chlairsigh cheoil
's líontair táinte cárt ar bord
Le hinntinn ard gan chaim, gan cheo
Chun saoghal is sláinte d'fhagháil dom leómhan.

'Sé mo laoch, mo Ghile Mear,
'Sé mo Shaesar, Ghile Mear,
'Suan ná séan ní bhfuaireas féin
Ó chuaigh i gcéin mo Ghile Mear.

'Sé mo laoch, mo Ghile Mear,
'Sé mo Shaesar, Ghile Mear,
'Suan ná séan ní bhfuaireas féin
'Ó chuaigh i gcéin mo Ghile Mear.

Éist leis an amhrán seo ar dhlúthdhiosca an mhúinteora, rian 19.

Maggie in the Wood
(An ceathrú figiúir de Sheit Chonamara)

Seasann ceithre chúpla le chéile i gciorcal. Bíonn A i gcónaí ar dheis B. (Is í A an cailín. Is é B an buachaill.)

Céim 123

Frásaí

Sa Bhaile **Ag damhsa in bhur n-áit féin**

Timpeall an Tí **Ag damhsa le do pháirtí chuig gach áit sa seit**

Éist leis an amhrán ar dhlúthdhiosca an mhúinteora, rian 20.

Treoracha

Tógaigí lámh sa chiorcal.

❶ Téigí isteach agus amach dhá uair. (8 mbarra)

❷ Cas timpeall in bhur n-áit féin le bhur bpáirtí. (8 mbarra)

❸ Déanaigí ciorcal arís agus téigí isteach agus amach dhá uair ach an uair seo leanann an cailín ar aghaidh go dtí an buachaill ar a deis. (8 mbarra)

❹ Leis an bpáirtí nua leanaigí ar aghaidh go dtí an chéad áit ar bhur ndeis. (8 mbarra)

❺ Leanaigí ar aghaidh ag déanamh 3 agus 4 go dtí go sroicheann sibh bhur bpáirtí féin arís agus bhur n-áit féin. (48 mbarra)

❻ Déanaigí luascadh sa bhaile le bhur bpáirtí. (8 mbarra).

Amhrán na bhFiann

Sinne Fianna Fáil, atá faoi gheall ag Éirinn,
Buíon dar slua thar toinn do ráinig chugainn
Faoi mhóid bheith saor, seantír ár sinsear feasta
Ní fhágfar faoin tíorán ná faoin tráil.

Anocht a théam sa bhearna bhaoil,
Le gean ar Ghaeil chun báis nó saol;
Le gunna scréach, faoi lámhach na bpiléar,
Seo libh, canaig' Amhrán na bhFiann.

Éist leis an amhrán seo ar dhlúthdhiosca an mhúinteora, rian 21.

Amhrán an Dreoilín

Éist leis an amhrán ar dhlúthdhiosca an mhúinteora, rian 22.

Curfá 1
Ó mo Dhreoilín,
Ó mo Dhreoilín,
Ite ag an gcat,
Fuil ar a smut
'S gan fágtha agam ach cnáimhín.

Curfá 2
Dúidín dáidín,
An ruidín deas a chaill mé,
Go ligfidh Dia na nGrást,
Go bhfaighidh mé arís é.

An Scéilín
Scéilín faoi mo Dheoilín,
Is di do ghol mé deoirín,
Nuair a bhuail an cat í,
Is thit sí síos ón ard.

Pé ar bith mí-adh aisteach,
A tháinig uirthi taisteal,
Cé chreidfeadh go bhféadfadh sí bás 'fháil
Is mé 'mo sheasamh lena taobh.

Mar a bheadh cineál magnet ann,
Is ábhair iontais aigne ann,
An chaoi ar fhág sí a ráta,
Is léim sí i mo threo.

An rud is annamh iontach,
Mar léim sí ina thintreach,
Thug sí sceilp dá chrúb di,
'S ní raibh fhios aici níos mó.

Ciúnas binn ón éinín,
'S gan inti ach méid mo mhéirín,
Mar bheadh éinín Dé ann,
Is í imithe suas ar Neamh.

Sin í críoch mo scéilín,
Scéilín faoi mo Dhreoilín,
An chaoi ar ith an cat í,
'S ná fág sí a'am ach cnámh.

189

An Staicín Eorna

Éist leis an amhrán ar dhlúthdhiosca an mhúinteora, rian 23.

Beirt ina seasamh le chéile taobh le taobh.
Nuair a thosaíonn an ceol déanann siad ciorcal mór timpeall an tseomra le:

Ar aghaidh

A haon, a dó, a haon, a dó, a trí
Ar ais, a dó, a haon, a dó, a trí

A haon, a dó, a haon, a dó, a trí
Ar ais, a dó, a haon, a dó, a trí

A haon, a dó, a haon, a dó, a trí
Ar ais, a dó, a haon, a dó, a trí

A haon, a dó, a haon, a dó, a trí
Ar ais, a dó, a haon, a dó, a trí

Ansin seasann siad os comhair a chéile agus luascann siad timpeall an tseomra.

Lámha le chéile.

A haon, a dó, a trí, 's, a haon, a dó, a trí.
A haon, a dó, a trí, 's, a haon, a dó, a trí.
A haon, a dó, a trí, 's, a haon, a dó, a trí.
A haon, a dó, a trí, 's, a haon, a dó, a trí.
A haon, a dó, a trí, 's, a haon, a dó, a trí.
A haon, a dó, a trí, 's, a haon, a dó, a trí.
A haon, a dó, a trí, 's, a haon, a dó, a trí.
A haon, a dó, a trí, 's, a haon, a dó, a trí.

Tosaigh arís taobh le taobh agus lean ar aghaidh ag damhsa i gciorcal timpeall an tseomra.

9 Aonad a Naoi

Cluastuiscint

Nótaí

Le foghlaim!

Foghlaim na nótaí thíos agus ansin déan na ceachtanna san aonad seo.

deartháir
deirfiúr
tuismitheoirí
aintín / uncail
mamó / daideo
scartha
cúpla
páiste aonair

gruaig dhubh	gruaig chatach
gruaig dhonn	gruaig dhíreach
gruaig rua	gruaig ghearr
gruaig fhionn	gruaig fhada

sona	ceolmhar
beomhar	foighneach
cainteach	cairdiúil
cancrach	taitneamhach

pobalscoil	Gaeilge	eolaíocht	tíreolaíocht	stair	meánscoil
Fraincis	corpoideachas	staidéar gnó	ceol	gaelscoil	Gearmáinis
Béarla	ríomhairí	ealaín	scoil	chónaithe	Spáinnis
tíos	creideamh	Laidin			

corraitheach	iontach
deacair	dian
éasca	leadránach
cineálta	suimiúil

teach scoite	teach dhá stór
teach leathscoite	teach trí stór
bungaló	áiléar
teach sraithe	árasán

an t-earrach	an samhradh
an fómhar	an geimhreadh
Eanáir	Feabhra
Márta	Aibreán
Bealtaine	Meitheamh
Iúil	Lúnasa
Meán Fómhair	Deireadh Fómhair
Samhain	Nollaig

pictiúrlann	banc
leabharlann	ospidéal
bialann	ollscoil
stáisiún traenach	ionad spóirt
óstán	amharclann
ollmhargadh	linn snámha

ag seinm an phianó	ag iascaireacht
ag damhsa	ag dul chuig
ceolchoirm	ag léamh
ag siopadóireacht	ag canadh
ag imirt cluichí	ríomhaire

clár spóirt	clár ceoil
scannáin ghrinn	scannáin uafáis
scannáin bleachtaireachta	clár tráth na gceist
réamhaisnéis na haimsire	clár nuachta

bonn óir
bonn airgid
bonn cré-umha

peil ghaelach	iománaíocht	dornálaíocht
galf	rugbaí	lúthchleasaíocht
sacar	leadóg	rásaíocht chapall
eitpheil	cispheil	rothaíocht
badmantan	haca	rámhaíocht

Lá Fhéile Bríde
Seachtain na Gaeilge
Lá Fhéile Pádraig
Oíche Shamhna
An Nollaig

Téigh siar ar na foirmeacha ceisteacha ar leathanach 208.

Aonad 1 Mé Féin agus Mo Theaghlach CD 2 Rian 2–6

Éist go cúramach leis na giotaí cainte ar an dlúthdhiosca, agus ansin freagair na ceisteanna seo thíos. Cloisfidh tú gach giota dhá uair.

Mír 1

Órlaith de Búrca

1 Cén aois í Órlaith?

2 Cuir tic sa bhosca ceart.

a ☐   **b** ☐   **c** ☐   **d** ☐

3 Cén saghas duine í Órlaith?

    a) sona agus taitneamhach
    b) leisciúil agus cancrach
    c) mífhoighneach agus cainteach
    d) ard agus spórtúil

☐

Mír 2

Breandán de Bhaldraithe

1 Ainmnigh an páiste is óige sa teaghlach.

    a) Breandán
    b) Tomás
    c) Anna

☐

2 Cé mhéad duine atá sa teaghlach?

3 Cén saghas duine í Anna?
(pointe amháin)

Mír 3

1 Céard a thug a cara di dá breithlá?

a   **b**   **c**   **d**

2 Cén dath is fearr léi?

3 Céard a dhéanann Úna ag an deireadh seachtaine?

   a) Caitheann sí a lán ama lena cairde ag an deireadh seachtaine.
   b) Téann sí chuig an bpictiúrlann.
   c) Déanann sí a cuid obair bhaile.

Mír 4

1 Cuir tic sa bhosca ceart.

a   **b**   **c**   **d**

2 Cén aois é Conall?

3 Cén saghas buachalla é Conall?

   a) foighneach
   b) ceolmhar
   c) sona

Aonad 2 Mo Shaol ar Scoil CD 2 Rian 7–11

Éist go cúramach leis na giotaí cainte ar an dlúthdhiosca, agus ansin freagair na ceisteanna seo thíos. Cloisfidh tú gach giota dhá uair.

Mír 1

1 Cuir tic sa bhosca ceart.

2 Cé mhéad dalta atá ina rang?

a) daichead
b) fiche
c) tríocha
d) fiche cúig

3 Críochnaigh an abairt thíos.

Ní bhíonn aon obair bhaile acu ar an _____ ná ar an _____.

4 Céard a dhéanann na daltaí ar an Aoine?

Mír 2

1 Cuir tic sa bhosca ceart.

2 Cén obair bhaile a bhí ródheacair do Jeaic?

3 Cá gcabhróidh Máire le Jeaic?

a) ar an mbus scoile
b) sa seomra ranga
c) sa halla

Mír 3

Áine Ní Cheallaigh

1 Ainmnigh an cara is fearr atá ag Áine.

2 Cé mhéad ábhar atá á ndéanamh ag Áine?

3 Cuir tic sa bhosca ceart.

a) Is maith liom Béarla agus Fraincis agus is fuath liom tíreolaíocht agus mata. ☐

b) Is maith liom tíos agus Fraincis agus is fuath liom stair agus mata. ☐

c) Is maith liom Gaeilge agus eolaíocht agus is fuath liom tíreolaíocht agus Béarla. ☐

Mír 4

1 Cuir tic sa bhosca ceart.

a ☐

b ☐

c ☐

d ☐

2 Cár fhág Máirtín a chóipleabhar?

3 Críochnaigh an abairt thíos:

Ní raibh aon obair bhaile déanta aige ar an _____ ná ar an _____ seo caite ach an oiread.

Aonad 3 Na Séasúir – An Fómhar agus An Geimhreadh

CD 2 Rian 12–16

Éist go cúramach leis na giotaí cainte ar an dlúthdhiosca, agus ansin freagair na ceisteanna seo thíos. Cloisfidh tú gach giota dhá uair.

Mír 1

1 Cén mhí atá ann?

2 Ainmnigh rud amháin a dhéanann Bronagh Oíche Shamhna.

3 Céard a bhíonn ar siúl i halla na scoile?

Mír 2

1 Cuir tic sa bhosca ceart.

ⓐ ☐   **ⓑ** ☐   **ⓒ** ☐   **ⓓ** ☐

2 Cén fáth a bhfuil Eoin ag dul chuig teach Sheáin?

3 Cá mbeidh Eoin ag dul Oíche Shamhna?

Mír 3

1 Céard a dhéanann Antaine nuair a fhaigheann sé a chuid laethanta saoire?

a   **b**   **c**   **d**

2 Céard a chuireann siad ar bharr an chrainn?

3 Céard a dhéanann an chlann lá Nollag?

a) Téann siad ar aifreann.
b) Téann siad a chodladh.
c) Itheann siad dinnéar.
d) Osclaíonn siad a mbronntanais le chéile.

Mír 4

1 Céard atá ag teastáil ó Shíle?

2 Cén t-am a bheidh na ticéid ar díol?

3 Cé mhéad a bheidh ar na ticéid do dhaoine fásta?

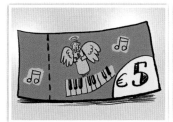   

a ☐ **b** ☐ **c** ☐ **d** ☐

Aonad 4 An Teach CD 2 Rian 17–21

Éist go cúramach leis na giotaí cainte ar an dlúthdhiosca, agus ansin freagair na ceisteanna seo thíos. Cloisfidh tú gach giota dhá uair.

Mír 1

1 Cár fhág Liam a chuid leabhar scoile?

a ☐   **b** ☐   **c** ☐   **d** ☐

2 Cár fhág Liam a bhosca lóin?

3 Céard a cheannaigh Mam don dinnéar?

    a) píotsa
    b) sicín, prátaí agus cabáiste
    c) sicín, píotsa agus cairéid

☐

Mír 2

1 Cá bhfuil Áine ina cónaí?

a ☐   **b** ☐   **c** ☐   **d** ☐

2 Céard atá sa ghairdín ar chúl an tí?

3 Céard a dhéanann Áine nuair a thagann a cairde chuig an teach?

    a) Féachann siad ar an teilifís.
    b) Déanann siad a gcuid obair bhaile.
    c) Éisteann siad le ceol.

☐

Mír 3

1 Cuir tic sa bhosca ceart.

a ☐

b ☐

c ☐

d ☐

2 Ainmnigh dhá rud a cheannaigh Mam sa siopa.

3 Cá bhfuil an sú oráiste?

a) sa chófra
b) sa chuisneoir
c) sa reoiteoir

☐

Mír 4

1 Cuir tic sa bhosca ceart.

a ☐

b ☐

c ☐

d ☐

2 Cá bhfuil a sheomra leapa?

3 Cén t-am a bhuailfidh siad le chéile?

a) a hocht a chlog
b) a naoi a chlog
c) a deich a chlog

☐

Aonad 5 An Baile Mór CD 2 Rian 22–26

Éist go cúramach leis na giotaí cainte ar an dlúthdhiosca, agus ansin freagair na ceisteanna seo thíos. Cloisfidh tú gach giota dhá uair.

Mír 1

1 Cuir tic sa bhosca ceart.

a ☐ **b** ☐ **c** ☐ **d** ☐

2 Cathain a théann Ciara isteach sa bhaile?

3 Ainmnigh an t-amhránaí is fearr le Ciara.

Mír 2

1 Cá bhfuil Bean Uí Laoire?

a ☐ **b** ☐ **c** ☐ **d** ☐

2 Ainmnigh na rudaí atá ag teastáil ó Bhean Uí Laoire.

    a) dhá úll, trí oráiste agus ceithre bhanana
    b) trí úll, trí oráiste agus dhá bhanana ☐
    c) ceithre úll, dhá oráiste agus ceithre bhanana

3 Cén t-am a bheidh arán acu sa siopa?

Mír 3

1 Cá bhfuil Eoin?

a ☐　　**b** ☐　　**c** ☐　　**d** ☐

2 Cá mbuaileann Eoin lena chara gach maidin?

3 Cá dtéann siad ag am lóin?

    a) an linn snámha
    b) an pháirc　　☐
    c) an club óige

Mír 4

1 Cá bhfuil Caitríona agus Pádraig ag dul?

a ☐　　**b** ☐　　**c** ☐　　**d** ☐

2 Cá mbeidh Pádraig ag obair an Aoine seo chugainn?

3 Cén t-am a bhuailfidh siad le chéile?

    a) leathuair tar éis a sé
    b) leathuair tar éis a seacht　　☐
    c) leathuair tar éis a hocht

Aonad 6 Na Séasúir – An tEarrach agus An Samhradh
CD 2 Rian 27–31

Éist go cúramach leis na giotaí cainte ar an dlúthdhiosca, agus ansin freagair na ceisteanna seo thíos. Cloisfidh tú gach giota dhá uair.

Mír 1

1 Cuir tic sa bhosca ceart.

ⓐ ☐   **ⓑ** ☐   **ⓒ** ☐   **ⓓ** ☐

2 Cá mbeidh Caitríona agus Eoin ag bualadh le chéile?

3 Cén sórt aimsire a bheidh ann Lá Fhéile Pádraig?

     a) Beidh sé fuar agus scamallach.
     b) Beidh sé grianmhar agus te.   ☐
     c) Beidh sé gaofar agus stoirmiúil.

Mír 2

1 Cuir tic sa bhosca ceart.

ⓐ ☐   **ⓑ** ☐   **ⓒ** ☐   **ⓓ** ☐

2 Cén t-am a thosaigh na ranganna gach maidin?

3 Céard a bhí acu sa choláiste ar a seacht a chlog?

Mír 3

1 Cuir tic sa bhosca ceart.

a ☐   **b** ☐   **c** ☐   **d** ☐

2 Cá mbeidh an seisiún ceoil ar siúl?

3 Céard a bheidh ar siúl sa halla ar an Aoine?

Mír 4

1 Cuir tic sa bhosca ceart.

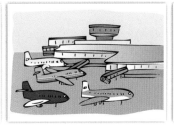

a ☐   **b** ☐   **c** ☐   **d** ☐

2 Cathain a fhaigheann Siún saoire ón scoil?
    a) ag tús mhí an Mheithimh
    b) ag tús mhí na Bealtaine ☐
    c) ag tús mhí Iúil

3 Cá mbeidh Siún ag dul ar saoire an tseachtain seo chugainn?
    a) Co. Dhún na nGall
    b) Co. Chiarraí ☐
    c) Co. Liatroma

Aonad 7 Caithimh Aimsire CD 2 Rian 32–36

Éist go cúramach leis na giotaí cainte ar an dlúthdhiosca, agus ansin freagair na ceisteanna seo thíos. Cloisfidh tú gach giota dhá uair.

Mír 1

1 Cuir tic sa bhosca ceart.

2 Cén t-am a shroich Seán an teach aréir?

a) a hocht a chlog
b) a naoi a chlog
c) leathuair tar éis a naoi

3 Cá raibh Pól ag dul le Barra?

Mír 2

1 Céard a dhéanann Caoimhe gach lá tar éis scoile?

2 Cén spórt a imríonn Caoimhe?

3 Cathain a bhuaigh siad a gcluiche?

Mír 3

1 Céard a bheidh ar siúl an Aoine seo chugainn?

  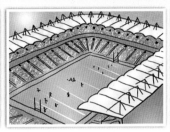 

a ☐   **b** ☐   **c** ☐   **d** ☐

2 Cén t-am a thosóidh na comórtais?

a) a naoi a chlog
b) a haon déag a chlog   ☐
c) a deich a chlog

3 Céard a bheidh ar siúl ar a haon a chlog?

Mír 4

1 Cuir tic sa bhosca ceart.

a   **b** ☐   **c** ☐   **d** ☐

2 Cathain a thagann cairde Eoin chuig an teach?

a) An Aoine
b) An Domhnach
c) An Satharn

3 Cá mbíonn seisiún ceoil acu?

Foirmeacha ceisteacha
Téigh siar ar na foirmeacha ceisteacha thíos.

Cén t-am?

Cén aois?

Cén fáth?

Cá dtéann?

Cathain?

Ainmnigh ...

Cár fhág?

Cé mhéad?

Cén mhí?

Cén obair bhaile?

Cén saghas?

Cén dath?

Cén sórt aimsire?

Céard a bheidh ar siúl?

Cén spórt?

Cathain a bhuaigh siad?

Cá bhfuil siad ag dul?

Ainmnigh an t-amhránaí ...

Céard a cheannaigh sé?

Cé mhéad a bheidh ar na ticéid?

10 Aonad a Deich

Gramadach

Briathra

Rialacha le foghlaim

Is féidir na briathra a roinnt i ndá ghrúpa, an chéad agus an dara réimniú.

An Chéad Réimniú
An Chéad Ghrúpa

Briathra le siolla amháin
nó
Má tá níos mó ná siolla amháin ann críochnaíonn an briathar ar: -áil, -óil, -áin

> dún, bris, can, ól, fág, iarr, siúil, sábháil, tiomáin

An Dara Réimniú
An Dara Grúpa

Briathra le níos mó ná siolla amháin

> ceannaigh, bailigh, deisigh, imigh imir, inis, ceangail, codail, eitil foghlaim, tarraing, tuirling

Na Gutaí

A E I O U

Tá na gutaí seo leathan (broad): A O U
Tá na gutaí seo caol: E I

Féach ar na briathra le siolla amháin thíos agus cuir líne faoin nguta deireanach i ngach briathar. Féach ar na samplaí

cuir   dún   iarr
caol   leathan

Lean ar aghaidh leis na briathra thíos.

fág	leave	gearr	cut	fan	stay
ól	drink	iarr	ask	rith	run
bris	break	scríobh	write	léim	jump
fill	return	féach	watch	séid	blow
éist	listen	cas	turn	úsáid	use

An Chéad Réimniú, Briathra Leathana

Cluiche

Téigh timpeall an ranga agus faigh amach an bhfuil na briathra thíos ar eolas ag na daltaí.

Le foghlaim!

fág	leave	fás	grow	gearr	cut
iarr	ask	glan	clean	can	sing
ól	drink	pós	marry	tóg	take
dún	close	scríobh	write	geall	promise
féach	watch	íoc	pay	meas	think
díol	sell	líon	fill	scrios	destroy
cas	turn	fan	stay	cíor	comb

An Chéad Réimniú, Briathra Caola

Le foghlaim!

troid	fight	caith	spend / throw / wear	goid	steal
léim	jump	bris	break	rith	run
cuir	put	tuill	earn	tuig	understand
fill	return	caill	lose	teip	fail
éist	listen	buail	hit/meet with	béic	shout
úsáid	use	múin	teach	séid	blow

Cluiche

Cé mhéad briathar le siolla amháin atá ar eolas agat? Iarr ar na daltaí na briathra atá ar eolas acu a scríobh ina gcóipleabhar. Ansin, scríobh na briathra go léir a ghlaonn na daltaí amach ar an gclár bán.

Imir cluiche searáidí sa rang leis na briathra thuas.

An Aimsir Láithreach
Cathain a úsáideann tú an Aimsir Láithreach?

Úsáideann tú an aimsir láithreach nuair atá tú ag caint faoi rudaí atá ag tarlú anois nó faoi rudaí a tharlaíonn go minic. Féach ar na samplaí thíos:

① Itheann tú bricfeasta **gach lá.**
② Siúlann tú ar scoil **gach maidin.**
③ Féachann tú ar an teilifís **gach tráthnóna.**
④ Téann tú ar saoire **gach samhradh.**
⑤ Codlaíonn tú go sámh **gach oíche.**
⑥ Imríonn tú cluiche **gach seachtain.**

An féidir leat smaoineamh ar aon samplaí eile?

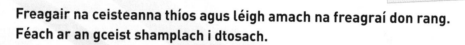

Freagair na ceisteanna thíos agus léigh amach na freagraí don rang.
Féach ar an gceist shamplach i dtosach.

Cathain <u>a bhíonn</u> lón agat ar scoil? <u>Bíonn</u> lón agam ar scoil <u>gach lá</u> ar a haon a chlog.
① Cathain <u>a chríochnaíonn</u> na ranganna ar scoil? _____
② Cathain <u>a théann</u> daltaí go dtí an Ghaeltacht? _____
③ Cathain <u>a bhíonn</u> an nuacht ar an teilifís? _____
④ Cathain <u>a bhíonn</u> dinnéar agat? _____
⑤ Cathain <u>a théann</u> tú amach le do chairde? _____

An Chéad Réimniú, Briathra Leathana
Tá an briathar leathan thíos san Aimsir Láithreach.

Fág

			Samplaí
fág**aim**	aim		
fág**ann** tú	ann		*Fágaim an teach ar a hocht gach maidin.*
fág**ann** sé/sí	ann		
fág**aimid**	aimid		*Fágann mo dheirfiúr an scoil lena cairde gach tráthnóna.*
fág**ann** sibh	ann		
fág**ann** siad	ann		*Fágann mo Mham an oifig déanach gach Aoine.*
ní fhág**aim**	ní + séimhiú		
an bhfág**aim**?	an + urú		

Cleachtadh ag scríobh

Scríobh abairtí breise i do chóipleabhar.
Iarr ar na daltaí abairtí a chumadh leis an mbriathar **fág** san Aimsir Láithreach.
Scríobh na habairtí ar an gclár bán.

Samplaí

Díol	Féach	Fás
díol**aim**	féach**aim**	fás**aim**
díol**ann** tú	féach**ann** tú	fás**ann** tú
díol**ann** sé/sí	féach**ann** sé/sí	fás**ann** sé/sí
díol**aimid**	féach**aimid**	fás**aimid**
díol**ann** sibh	féach**ann** sibh	fás**ann** sibh
díol**ann** siad	féach**ann** siad	fás**ann** siad

an fhoirm dhiúltach – riail le foghlaim – ní + séimhiú

ní (dhíolaim)   ní (fhéachaim)   ní (fhásaim)

an fhoirm cheisteach – riail le foghlaim – an + urú ach amháin leis na gutaí

an (ndíolaim)?   an (bhféachaim)?   an (bhfásaim)?

❶ Líon na bearnaí thíos. Bain úsáid as na briathra thuas.

a) _____ bláthanna deasa sa ghairdín.

b) _____ ar an teilifís gach oíche tar éis mo chuid obair bhaile a chríochnú.

c) _____ an fear milseáin sa siopa gach lá.

d) Sa siopa nuachtán ní _____ siad glasraí agus torthaí.

e) Is aoibhinn le mo dheirfiúr an teilifís. _____ sí ar 'Glee' gach oíche.

f) Ní maith le mo Dhaid an gairdín. Ní _____ bláthanna deasa inár ngairdín.

g) An _____ siad úlla sa siopa Spar?

ndíolann, fásann, féachann, fhásann, díolann, féachaim, dhíolann

❷ Cum dhá abairt leis na briathra thuas. Scríobh na habairtí i do chóipleabhar.

❸ Freagair na ceisteanna thíos. Bain úsáid as na briathra thuas.

a) **An bhféachann** tú ar an teilifís go minic? _____

b) **An bhfásann** crainn i do ghairdín? _____

c) **An ndíolann** siopa na scoile cóipleabhair? _____

d) **An bhféachann** tú ar TG4 sa rang Gaeilge? _____

e) **An bhfásann** bláthanna i do ghairdín? _____

Samplaí

Ól	Glan	Scuab
ól**aim**	glan**aim**	scuab**aim**
ól**ann** tú	glan**ann** tú	scuab**ann** tú
ól**ann** sé/sí	glan**ann** sé/sí	scuab**ann** sé/sí
ól**aimid**	glan**aimid**	scuab**aimid**
ól**ann** sibh	glan**ann** sibh	scuab**ann** sibh
ól**ann** siad	glan**ann** siad	scuab**ann** siad

an fhoirm dhiúltach – riail le foghlaim – ní + séimhiú

ní ólaim   *ní ghlanaim*   *ní scuabaim*

an fhoirm cheisteach – riail le foghlaim – an + urú ach amháin leis na gutaí

an ólaim?   *An nglanaim?*   *An scuabaim?*

❶ Líon na bearnaí thíos. Bain úsáid as na briathra thuas.

a) (Glan mé) _____ mo sheomra leapa gach Satharn.

b) (Ní glan) _____ mo dheartháir a sheomra leapa riamh.

c) (Ól mé) _____ tae ag am bricfeasta gach maidin.

d) (An scuab tú) _____ tú urlár an tseomra ranga gach lá tar éis scoile?

e) Is fuath liom caife, (ní ól mé) _____ riamh é.

f) (Scuab sé) _____ urlár na cistine tar éis dinnéir gach lá.

❷ Cum abairtí os ard sa rang leis na briathra thuas.

❸ Leis na briathra thuas, iarr ar na daltaí ceisteanna a chur ar a gcairde os ard sa rang.

Téigh go dtí edco.ie/iontas1 chun idirghníomhaíochtaí a dhéanamh.

1 Foghlaim na briathra ar leathanach 214 agus líon na bearnaí thíos.

Glan	Tóg	Cíor
glanaim		cíoraim
	tógann tú	
glanann sé/sí		cíorann sé/sí
	tógaimid	
glanann sibh		
		cíorann siad
ní ghlanaim	ní	ní chíoraim
an	an dtógaim?	an

2 Freagair na ceisteanna thíos.

a) **An ólann tú** tae?_____

b) **An gcíorann tú** do chuid gruaige ar maidin?_____

c) **An nglanann tú** an chistin tar éis dinnéir? _____

d) **An dtógann tú** do mhála scoile ar scoil gach lá? _____

Cluiche

Tabhair na briathra thíos do na daltaí sa rang agus iarr orthu an fhoirm dhiúltach agus an fhoirm cheisteach a rá os comhair an ranga.

Samplaí

díolaim	ní dhíolaim	an ndíolaim?
fásaim	_____	_____
féachaim	_____	_____
glanaim	_____	_____
tógaim	_____	_____
cíoraim	_____	_____

An Chéad Réimniú, Briathra Caola

Téigh siar ar na briathra ar leathanach 211.

Samplaí

Rith	Caill	Múin
rithim	caillim	múinim
ritheann tú	cailleann tú	múineann tú
ritheann sé/sí	cailleann sé/sí	múineann sé/sí
rithimid	caillimid	múinimid
ritheann sibh	cailleann sibh	múineann sibh
ritheann siad	cailleann siad	múineann siad

an fhoirm dhiúltach – riail le foghlaim – ní + séimhiú

ní rithim   *ní chaillim*   *ní mhúinim*

an fhoirm cheisteach – riail le foghlaim – an + urú ach amháin leis na gutaí

an rithim?   *an gcaillim?*   *an múinim?*

❶ Líon na bearnaí thíos.

a) _____ an múinteoir an rang gach lá.

b) Ní _____ chuig stad an bhus gach maidin.

c) Ní _____ an príomhoide an rang.

d) _____ mo chóta go minic agus bíonn mo thuismitheoirí crosta.

e) An _____ do dheartháir a bhróga peile gach Satharn?

gcailleann, rithim, mhúineann, múineann, caillim

❷ Foghlaim na briathra thíos agus líon na bearnaí.

Léim	Séid	Éist
léimim		
	séideann tú	
		éisteann sé/sí
léimimid		
	séideann sibh	
		éisteann siad
ní léimim	ní shéidim	ní
an	an	an éistim?

❸ **Freagair na ceisteanna thíos.**

a) An éisteann tú le iPod go minic? _____

b) An séideann an ghaoth in Éirinn sa samhradh? _____

c) An ritheann tú ar scoil gach maidin? _____

Samplaí

Fill	Úsáid	Goid
fillim	úsáidim	goidim
filleann tú	úsáideann tú	goideann tú
filleann sé/sí	úsáideann sé/sí	goideann sé/sí
fillimid	úsáidimid	goidimid
filleann sibh	úsáideann sibh	goideann sibh
filleann siad	úsáideann siad	goideann siad

an fhoirm dhiúltach – riail le foghlaim – ní + séimhiú

ní fhillim   ní úsáidim   ní ghoidim

an fhoirm cheisteach – riail le foghlaim – an + urú ach amháin leis na gutaí

an bhfillim?   an úsáidim?   an ngoidim?

❶ **Líon na bearnaí thíos. Bain úsáid as na briathra thuas.**

a) _____ mo dhearthár abhaile ón scoil ar a trí a chlog gach lá.

b) _____ mo chara mo lón gach lá.

c) An _____ tú peann nó peann luaidhe ar scoil?

d) An _____ do Dhaid ón oifig roimh a sé?

e) _____ peann nuair a scríobhaim i mo chóipleabhar.

úsáidim, filleann, bhfilleann, goideann, úsáideann

❷ **Freagair na ceisteanna thíos.**

a) **An gcuireann tú** do leabhair scoile i do mhála gach maidín?
_____

b) **An mbriseann** aon duine cupán i do theach go minic?
_____

c) **An dtroideann** buachaillí óga ar an mbóthar go minic?
_____

d) **An bhfilleann tú** abhaile ón scoil roimh a ceathair gach lá?
_____

e) **An ngoideann** daltaí leabhair scoile go minic i do scoil?
_____

217

❸ Foghlaim na briathra ar leathanach 217 agus líon na bearnaí thíos.

Bris	Cuir	Troid
brisim		
	cuireann tú	
		troideann sé/sí
brisimid		
	cuireann sibh	
		troideann siad
ní bhrisim	ní	ní
an	an gcuirim?	an

❹ Líon na bearnaí thíos.

a) (Ní bris sé) _____ a chos nuair a imríonn sé peil.

b) (An cuir tú) _____ do lón i do mhála ar maidin?

c) (Troid sí) _____ lena mam mar ní thugann sí airgead póca di.

d) (Úsáid sinn) _____ peann luaidhe sa rang ealaíne.

e) (Fill mé) _____ abhaile ar a cúig a chlog gach tráthnóna.

f) (Cuir sé) _____ na plátaí sa chófra tar éis dinnéir.

❺ **Cluiche**

Iarr ar na daltaí ceisteanna a chur ar a gcairde sa rang leis na briathra thuas agus na briathra ar leathanach 217.

An Chéad Réimniú, Briathra a chríochnaíonn le -gh

Samplaí

Suigh	Nigh
su**ím**	n**ím**
su**íonn** tú	n**íonn** tú
su**íonn** sé/sí	n**íonn** sé/sí
su**ímid**	n**ímid**
su**íonn** sibh	n**íonn** sibh
su**íonn** siad	n**íonn** siad

an fhoirm dhiúltach – riail le foghlaim – ní + séimhiú

ní *shuím*   ní *ním*

an fhoirm cheisteach – riail le foghlaim – an + urú ach amháin leis na gutaí

an *suím*?   an *ním*?

❶ **Líon na bearnaí thíos.**
   a) (Suigh mé) _____ in aice le mo chara sa rang mata ar scoil.
   b) (Nigh sé) _____ a chuid gruaige gach maidin.
   c) (Ní suigh) _____ an múinteoir sa rang gach lá.
   d) (An nigh tú) _____ do lámha roimh dhinnéar gach lá?
   e) (Ní nigh mé) _____ na gréithe tar éis bricfeasta gach maidin.
   f) (Suigh) _____ mo Mhamó ar an tolg agus féachann sí ar an nuacht
      gach tráthnóna.

❷ **Líon na bearnaí thíos.**
   a) Ním: ní _____ an _____?
   b) Suímid: ní _____ an _____?
   c) Níonn sé: ní _____ an _____?

❸ **Freagair na ceisteanna thíos.**
   a) An suíonn tú in aice le bord an mhúinteora? _____
      _____
   b) An níonn tú na gréithe sa bhaile gach tráthnóna? _____
      _____
   c) An suíonn an múinteoir in aice na fuinneoige? _____
      _____
   d) An níonn tú carr do thuismitheoirí ag an deireadh seachtaine? _____
      _____

Samplaí

Léigh	Glaoigh	Buaigh
léim	glaoim	buaim
léann tú	glaonn tú	buann tú
léann sé/sí	glaonn sé sí	buan se/sí
léimid	glaoimid	buaimid
léann sibh	glaonn sibh	buann sibh
léann siad	glaonn siad	buann siad

an fhoirm dhiúltach – riail le foghlaim – ní + séimhiú

ní léim   ní ghlaoim   ní bhuaim

an fhoirm cheisteach – riail le foghlaim – an + urú ach amháin leis na gutaí

an léim?   an nglaoim?   an mbuaim?

Le foghlaim!

léigh	read	pléigh	discuss	buaigh	win
glaoigh	call	luaigh	mention	cráigh	torment

❶ Líon na bearnaí thíos.

a) (Léigh) _____ mo dhéirfiúr dhá leabhar gach seachtain.

b) (Glaoigh mé) _____ ar mo chara gach lá tar éis scoile.

c) (Buaigh) _____ mo chara cluiche cispheile gach seachtain.

d) (Pléigh) _____ an múinteoir an obair bhaile sa rang gach lá.

e) (Ní léigh) _____ mo dheartháir óg aon leabhair agus ní bhíonn mo thuismitheoirí sásta leis.

f) (An glaoigh tú) _____ ar do chara ag an deireadh seachtaine?

❷ Freagair na ceisteanna thíos.

a) An mbuann foireann na scoile cluiche peile, cispheile nó rugbaí go minic?

_____

b) An nglaonn do thuismitheoirí ar an bpríomhoide go minic?

_____

c) An bpléann an príomhoide rialacha na scoile leis na daltaí gach bliain?

_____

d) An léann an múinteoir Béarla scéal sa rang gach lá?

_____

❸ Líon na bearnaí thíos.

a) Pléigh: ní _____   an _____?

b) Glaoigh: ní _____   an _____?

c) Buaigh: ní _____   an _____?

An Dara Réimniú, Briathra Leathana

Le foghlaim!

ceannaigh	buy	**gortaigh**	injure	**críochnaigh**	finish
aontaigh	agree	**scrúdaigh**	examine	**cabhraigh**	help
brostaigh	hurry	**fiosraigh**	investigate	**cónaigh**	live
scanraigh	frighten	**tosaigh**	start	**ullmhaigh**	prepare
sleamhnaigh	slip	**ceartaigh**	correct	**diúltaigh**	refuse

Samplaí

Ceann(aigh)	Brost(aigh)	Tos(aigh)
ceann**aím**	brost**aím**	tos**aím**
ceann**aíonn** tú	brost**aíonn** tú	tos**aíonn** tú
ceann**aíonn** sé/sí	brost**aíonn** sé/sí	tos**aíonn** sé/sí
ceann**aímid**	brost**aímid**	tos**aímid**
ceann**aíonn** sibh	brost**aíonn** sibh	tos**aíonn** sibh
ceann**aíonn** siad	brost**aíonn** siad	tos**aíonn** siad

an fhoirm dhiúltach – riail le foghlaim – ní + séimhiú

ní cheannaím   ní bhrostaím   ní thosaím

an fhoirm cheisteach – riail le foghlaim – an + urú ach amháin leis na gutaí

an gceannaím?   an mbrostaím?   an dtosaím?

❶ Freagair na ceisteanna thíos.

a) An gceannaíonn tú leabhair scoile nua gach bliain? _____

b) An dtosaíonn na ranganna ar scoil ar a naoi a chlog?_____

c) An mbrostaíonn an múinteoir chuig an rang tar éis lóin? _____

d) An gcríochnaíonn tú do chuid obair bhaile ar a hocht a chlog? _____

e) An gcónaíonn tú sa chathair?_____

❷ Líon na bearnaí thíos.

a) Ullmhaím: ní _____   an _____?

b) Cabhraím: ní _____   an _____?

c) Sleamhnaím: ní _____   an _____?

d) Aontaím: ní _____   an _____?

Samplaí

Cón(aigh)	Ullmh(aigh)	Ceart(aigh)
cónaím	ullmhaím	ceartaím
cónaíonn tú	ullmhaíonn tú	ceartaíonn tú
cónaíonn sé/sí	ullmhaíonn sé/sí	ceartaíonn sé/sí
cónaímid	ullmhaímid	ceartaímid
cónaíonn sibh	ullmhaíonn sibh	ceartaíonn sibh
cónaíonn siad	ullmhaíonn siad	ceartaíonn siad

an fhoirm dhiúltach – riail le foghlaim – ní + séimhiú		
ní chónaím	ní ullmhaím	ní cheartaím
an fhoirm cheisteach – riail le foghlaim – an + urú ach amháin leis na gutaí		
an gcónaím?	an ullmhaím?	an gceartaím?

❶ Foghlaim na briathra ar leathanach 221 agus líon na bearnaí thíos.

Cabhraigh	Scrúdaigh	Aontaigh
cabhraím		
	scrúdaíonn tú	
		aontaíonn sé/sí
cabhraímid		
	scrúdaíonn sibh	
		aontaíonn siad
ní	ní scrúdaím	
an	an	an aontaím?

❷ Líon na bearnaí thíos.

a) (Cónaigh) _____ mo chara i nGaillimh.

b) (Cabhraigh mé) _____ le mo dheartháir a chuid obair bhaile a dhéanamh.

c) (Scrúdaigh) _____ an múinteoir an rang gach Aoine.

d) (Ullmhaigh mé) _____ don scrúdú mata gach seachtain.

e) (Gortaigh) _____ mo dheartháir a chos ag imirt peile gach Satharn.

f) (Tosaigh) _____ mo rang damhsa ar a trí gach Satharn.

g) (Críochnaigh) _____ an cluiche peile gach Domhnach ar a haon a chlog.

❸ Líon na bearnaí thíos.

a) Cónaíonn tú: ní _____ an _____?

b) Tosaíonn tú: ní _____ an _____?

c) Gortaíonn tú: ní _____ an _____?

d) Brostaíonn tú: ní _____ an _____?

An Dara Réimniú, Briathra Caola

Le foghlaim!

ceistigh	question	éirigh	get up	oibrigh	work
deisigh	fix	foilsigh	publish	dúisigh	wake
imigh	go	aistrigh	translate	impigh	beg
bailigh	collect	cóirigh	make up	cuidigh	help

Samplaí

Oib(righ)	Éir(igh)	Cuid(igh)
oibrím	éirím	cuidím
oibríonn tú	éiríonn tú	cuidíonn tú
oibríonn sé/sí	éiríonn sé/sí	cuidíonn sé/sí
oibrímid	éirímid	cuidímid
oibríonn sibh	éiríonn sibh	cuidíonn sibh
oibríonn siad	éiríonn siad	cuidíonn siad

an fhoirm dhiúltach – riail le foghlaim – ní + séimhiú

ní oibrím	*ní éirím*	*ní chuidím*

an fhoirm cheisteach – riail le foghlaim – an + urú ach amháin leis na gutaí

an oibrím?	*an éirím?*	*an gcuidím?*

❶ **Líon na bearnaí thíos.**

a) (Oibrigh) _____ mo Dhaid mar mhúinteoir bunscoile.

b) (Éirigh) _____ mo dheirfiúr ar a hocht a chlog gach maidin.

c) (Ní cuidigh mé) _____ le mo Mham an dinnéar a ullmhú.

d) (Ceistigh) _____ an múinteoir an rang gach lá.

e) (An cóirigh tú) _____ do leaba gach maidin?

f) (Cuidigh mé) _____ le mo dheartháir an seomra suí a ghlanadh gach lá.

❷ **Freagair na ceisteanna thíos.**

a) An gcóiríonn tú do leaba ar maidin? _____

b) An oibríonn tú go dian ar scoil? _____

c) An éiríonn tú ar a seacht a chlog ar maidin? _____

d) An gcuidíonn tú le do thuismitheoirí an teach a ghlanadh? _____

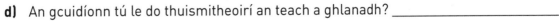

An Dara Réimniú, Briathra a chríochnaíonn ar 'ail' 'is' 'ir' 'il'

Le foghlaim!

taitin	enjoy	**labhair**	speak	**eitil**	fly
bagair	threaten	**codail**	sleep	**ceangail**	tie
imir	play	**freagair**	answer	**oscail**	open

Samplaí

Codail	Imir	Oscail
codl**aím**	im**rím**	oscl**aím**
codl**aíonn** tú	im**ríonn** tú	oscla**íonn** tú
codl**aíonn** sé/sí	im**ríonn** sé/sí	oscla**íonn** sé/sí
codl**aímid**	im**rímid**	oscla**ímid**
codl**aíonn** sibh	im**ríonn** sibh	oscla**íonn** sibh
codl**aíonn** siad	im**ríonn** siad	oscla**íonn** siad

an fhoirm dhiúltach – riail le foghlaim – ní + séimhiú		
ní chodlaim	*ní imrím*	*ní osclaim*
an fhoirm cheisteach – riail le foghlaim – an + urú ach amháin leis na gutaí		
an gcodlaim?	*an imrím?*	*an osclaim?*

❶ Foghlaim na briathra thuas agus líon na bearnaí thíos.

Inis	Ceangail	Labhair
insím		
	ceanglaíonn tú	
		labhraíonn sé/sí
insímid		
	ceanglaíonn sibh	
		labhraíonn siad
ní insím	ní cheanglaím	ní
an	an	an labhraím?

❷ Líon na bearnaí thíos.

a) An imríonn tú peil gach seachtain? **Imrím** nó **ní** _____

b) An gcodlaíonn tú go sámh gach oíche? **Codlaím** nó **ní** _____

c) An labhraíonn tú leis an múinteoir gach lá? **Labhraím** nó **ní** _____

d) An bhfreagraíonn tú ceisteanna sa rang? **Freagraím** nó **ní** _____

e) An eitlíonn na héin go hard sa spéir? **Eitlíonn** nó **ní** _____

f) An gceanglaíonn tú do bhróga ar maidin? **Ceanglaíonn** nó **ní** _____

Briathra Neamhrialta

Tá

táim	nílim	an bhfuilim?
tá tú	níl tú	an bhfuil tú?
tá sé/sí	níl sé/sí	an bhfuil sé/sí?
táimid	nílimid	an bhfuilimid?
tá sibh	níl sibh	an bhfuil sibh?
tá siad	níl siad	an bhfuil siad?
bím	ní bhím	an mbím?
bíonn tú	ní bhíonn tú	an mbíonn tú?
bíonn sé/sí	ní bhíonn sé/sí	an mbíonn sé/sí?
bímid	ní bhímid	an mbímid?
bíonn sibh	ní bhíonn sibh	an mbíonn sibh?
bíonn siad	ní bhíonn siad	an mbíonn siad?

Tar

tagaim	ní thagaim	an dtagaim?
tagann tú	ní thagann tú	an dtagann tú?
tagann sé/sí	ní thagann sé/sí	an dtagann sé/sí?
tagaimid	ní thagaimid	an dtagaimid?
tagann sibh	ní thagann sibh	an dtagann sibh?
tagann siad	ní thagann siad	an dtagann siad?

Téigh

téim	ní théim	an dtéim?
téann tú	ní théann tú	an dtéann tú?
téann sé/sí	ní théann sé/sí	an dtéann sé/sí?
téimid	ní théimid	an dtéimid?
téann sibh	ní théann sibh	an dtéann sibh?
téann siad	ní théann siad	an dtéann siad?

Feic

feicim	ní fheicim	an bhfeicim?
feiceann tú	ní fheiceann tú	an bhfeiceann tú?
feiceann sé/sí	ní fheiceann sé/sí	an bhfeiceann sé/sí?
feicimid	ní fheicimid	an bhfeicimid?
feiceann sibh	ní fheiceann sibh	an bhfeiceann sibh?
feiceann siad	ní fheiceann siad	an bhfeiceann siad?

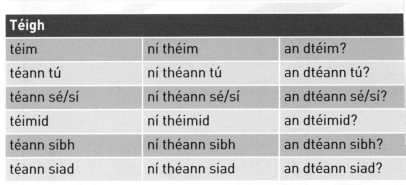

Clois

cloisim	ní chloisim	an gcloisim?
cloiseann tú	ní chloiseann tú	an gcloiseann tú?
cloiseann sé/sí	ní chloiseann sé/sí	an gcloiseann sé/sí?
cloisimid	ní chloisimid	an gcloisimid?
cloiseann sibh	ní chloiseann sibh	an gcloiseann sibh?
cloiseann siad	ní chloiseann siad	an gcloiseann siad?

Abair

deirim	ní deirim	an ndeirim?
deir tú	ní deir tú	an ndeir tú?
deir sé/sí	ní deir sé/sí	an ndeir sé/sí?
deirimid	ní deirimid	an ndeirimid?
deir sibh	ní deir sibh	an ndeir sibh?
deir siad	ní deir siad	an ndeir siad?

Ith

ithim	ní ithim	an ithim?
itheann tú	ní itheann tú	an itheann tú?
itheann sé/sí	ní itheann sé/sí	an itheann sé/sí?
ithimid	ní ithimid	an ithimid?
itheann sibh	ní itheann sibh	an itheann sibh?
itheann siad	ní itheann siad	an itheann siad?

Déan

déanaim	ní dhéanaim	an ndéanaim?
déanann tú	ní dhéanann tú	an ndéanann tú?
déanann sé/sí	ní dhéanann sé/sí	an ndéanann sé/sí?
déanaimid	ní dhéanaimid	an ndéanaimid?
déanann sibh	ní dhéanann sibh	an ndéanann sibh?
déanann siad	ní dhéanann siad	an ndéanann siad?

Faigh

faighim	ní fhaighim	an bhfaighim?
faigheann tú	ní fhaigheann tú	an bhfaigheann tú?
faigheann sé/sí	ní fhaigheann sé/sí	an bhfaigheann sé/sí?
faighimid	ní fhaighimid	an bhfaighimid?
faigheann sibh	ní fhaigheann sibh	an bhfaigheann sibh?
faigheann siad	ní fhaigheann siad	an bhfaigheann siad?

Tabhair		
tugaim	ní thugaim	an dtugaim?
tugann tú	ní thugann tú	an dtugann tú?
tugann sé/sí	ní thugann sé/sí	an dtugann sé/sí?
tugaimid	ní thugaimid	an dtugaimid?
tugann sibh	ní thugann sibh	an dtugann sibh?
tugann siad	ní thugann siad	an dtugann siad?

Beir		
beirim	ní bheirim	an mbeirim?
beireann tú	ní bheireann tú	an mbeireann tú?
beireann sé/sí	ní bheireann sé/sí	an mbeireann sé/sí?
beirimid	ní bheirimid	an mbeirimid?
beireann sibh	ní bheireann sibh	an mbeireann sibh?
beireann siad	ní bheireann siad	an mbeireann siad?

❶ **Líon na bearnaí thíos.**

a) (Téigh mé) _____ chuig an gclub peile.

b) (Beir sí) _____ ar a mála scoile agus ritheann sí amach an doras.

c) (Ith sinn) _____ ár lón ar a haon a chlog gach maidin.

d) (Faigh sé) _____ airgead óna Dhaid gach Satharn.

e) (Feic siad) _____ an múinteoir ar an mbus gach maidin.

❷ **Líon na bearnaí thíos.**

a) _____ chuig an gclub leadóige gach Satharn.

b) _____ m'aintín airgead dom do mo bhreithlá gach bliain.

c) _____ mo chara a cuid obair bhaile sa seomra staidéir gach oíche.

d) Nuair a _____ na daltaí an múinteoir sa rang ritheann siad isteach go tapa.

e) _____ sé a dhinnéar ar a sé a chlog gach tráthnóna.

téim, itheann, déanann, chloiseann, tugann

❸ **Líon na bearnaí thíos.**

a) An dtugann an múinteoir obair bhaile daoibh gach oíche? Tugann nó ní _____

b) An itheann tú ceapairí don lón gach lá? Itheann nó ní _____

c) An bhfaigheann tú airgead póca gach seachtain? Faigheann nó ní _____

d) An bhfeiceann tú do chairde gach lá ar scoil? Feiceann nó ní _____

e) An mbíonn leathlá agaibh go minic? Bíonn nó ní _____

227

Súil siar ar an Aimsir Láithreach – A

❶ **Scríobh na briathra san alt thíos san Aimsir Láithreach.**

(Bhí) _____ cluiche cispheile agam gach Satharn. (D'éirigh mé) _____ go luath agus (d'ith mé) _____ mo bhricfeasta. Ansin (chuir mé) _____ glao ar mo chairde agus (bhuail mé) _____ leo ag geata na scoile. (Tháinig) _____ ár mbus ar a naoi a chlub agus (d'fhágamar) _____ an scoil ar a leathuair tar éis a naoi.

tagann, ithim, éirím, fágaimid, buailim, bíonn, cuirim

❷ **Léigh scéal Lísa thíos agus scríobh do scéal féin i do chóipleabhar.**

> **Filleann Lísa** abhaile ón scoil agus **déanann sí** cupán tae. Ansin **suíonn sí** sa chistin agus **itheann sí** ceapaire agus cúpla briosca. Ina dhiaidh sin **siúlann sí** isteach sa seomra staidéir agus **osclaíonn sí** a mála scoile. **Déanann sí** a hobair bhaile Ghaeilge i dtosach agus ansin **scríobhann sí** aiste Bhéarla. **Críochnaíonn** Lísa a cuid obair bhaile agus **féachann sí** ar an teilifís ar feadh tamaill. Ar a deich a chlog **téann sí** chuig a seomra leapa agus **codlaíonn sí** go sámh.

Tosaigh mar seo: Fillim abhaile ón scoil agus …

❸ **Líon na bearnaí thíos.**

a) Téim: ní _____ an dtéim?
a) Ithim: ní ithim an _____?
c) Beirim: ní _____ an _____?
d) Cloisim: ní _____ an gloisim?
e) Feicim: ní fheicim an _____?
f) Deirim: ní _____ an ndeirim?

❹ **Líon na bearnaí thíos.**

a) (Cuir sí) _____ a cuid éadaigh sa vardrús agus glanann sí a seomra gach Satharn.

b) (Buail sé) _____ lena chairde ag an bpictiúrlann gach Aoine.

c) (Ní ith sé) _____ aon bhricfeasta agus bíonn a Mham an-chrosta.

d) (An faigh tú) _____ an bus scoile gach maidin?

e) (Ullmhaigh mé) _____ an dinnéar sa bhaile gach Luan.

Súil siar ar an Aimsir Láithreach – B

❺ **Léigh scéal Phádraig agus Jeaic thíos agus scríobh do scéal féin i do chóipleabhar.**

> **Buailim** le Pádraig agus **imrímid** cúpla cluiche ríomhaire. Ansin **cuirimid** glao ar Thomás agus **téimid** chuig a theach. Ar a hocht a chlog **siúlaimid** chuig an bpictiúrlann. **Ceannaímid** ticéid agus **téimid** isteach. **Ithimid** uachtar reoite agus **ólaimid** sú oráiste. Ar a deich a chlog críochnaíonn an scannán agus **faighimid** an bus chuig an mbaile ansin.

Tosaigh mar seo: Buailim le Pádraig agus imrím ...

❻ **Líon na bearnaí thíos.**

a) _____ mo Dhaid nuachtán sa siopa nuachtán gach maidin.

b) _____ mo dheartháir iománaíocht agus peil Ghaelach gach Satharn.

c) _____ i dteach mo charad gach deireadh seachtaine.

d) _____ sú oráiste gach maidin.

e) _____ mo chara na héin ag canadh óna sheomra leapa.

codlaím, cloiseann, ólaim, imríonn, ceannaíonn

❼ **Líon na bearnaí thíos.**

Clois	Feic	Faigh	Tar
cloisim			tagaim
	feiceann tú		
		faigheann sé/sí	
cloisimid			
	feiceann sibh		tagann sibh
		faigheann siad	
ní chloisim		ní fhaighim	
	an bhfeicim?		an dtagaim?

229

An Aimsir Chaite

Cathain a úsáideann tú an Aimsir Chaite?

Úsáideann tú an Aimsir Chaite nuair atá tú ag caint faoi rudaí atá thart. Féach ar na samplaí thíos:

1 Dhúisigh mé ar a hocht a chlog **ar maidin**.

2 Chuaigh mé ar saoire chuig m'aintín i gCiarraí **an samhradh seo caite**.

3 D'imir mé cluiche cispheile le foireann na scoile **inné**.

4 Chodail mé i dteach mo charad **aréir**.

5 Bhí mo Dhaid i Meiriceá **an tseachtain seo caite**.

Le foghlaim!

aréir	last night
inné	yesterday
arú inné	the day before yesterday
an tseachtain seo caite	last week
an mhí seo caite	last month
cúpla lá ó shin	a few days ago
an samhradh seo caite	last summer
ag am lóin	at lunch time
coicís ó shin	a fortnight ago
anuraidh	last year

An Chéad Réimniú, Briathra Leathana

Le foghlaim!

fág	leave	**fás**	grow	**gearr**	cut
iarr	ask	**glan**	clean	**can**	sing
ól	drink	**pós**	marry	**tóg**	take
dún	close	**scríobh**	write	**geall**	promise
féach	watch	**íoc**	pay	**meas**	think
díol	sell	**líon**	fill	**scrios**	destroy
cas	turn	**fan**	stay	**cíor**	comb

Cluiche

An bhfuil na briathra thuas ar eolas ag na daltaí sa rang? Téigh timpeall an ranga go tapa agus faigh amach an bhfuil na briathra ar eolas ag na daltaí.

Rialacha le foghlaim

❶ Má thosaíonn an briathar le **consan** cuireann tú **séimhiú** air.

❷ Má thosaíonn an briathar le **guta** cuireann tú **d' roimh an mbriathar**.

❸ Má thosaíonn an briathar le **f** cuireann tú isteach **d' agus séimhiú**.

An Fhoirm Dhiúltach	Níor + séimhiú
An Fhoirm Cheisteach	Ar + séimhiú
An Chéad Phearsa Uimhir Iolra	-amar/-eamar

Ní féidir séimhiú a chur ar bhriathar a thosaíonn le 'r', 'l', 'sc', 'sm', 'n', 'st', 'sp'.

Samplaí

Díol	Ól	Fan
d**h**íol mé	**d'**ól mé	**d'**fhan mé
d**h**íol tú	**d'**ól tú	**d'**fhan tú
d**h**íol sé/sí	**d'**ól sé/sí	**d'**fhan sé/sí
d**h**íol**amar**	**d'**ól**amar**	**d'**fhan**amar**
d**h**íol sibh	**d'**ól sibh	**d'**fhan sibh
d**h**íol siad	**d'**ól siad	**d'**fhan siad
níor dhíol mé	**níor ól mé**	**níor fhan mé**
ar dhíol mé?	**ar ól mé?**	**ar fhan mé?**

❶ **Freagair na ceisteanna thíos sa rang.**

a) Ar ól tú cupán caife ar maidin? _____

b) Ar fhan tú sa bhaile aréir? _____

c) Ar dhíol tú do sheanleabhair scoile an bhliain seo caite? _____

d) Ar ól tú cupán tae aréir? _____

e) Ar fhan tú sa bhunscoil ar feadh naoi mbliana? _____

❷ **Líon na bearnaí thíos.**

a) Dhíolamar   níor _____ ar _____?

b) D'fhan mé   níor _____ ar _____?

c) D'ól sí   níor _____ ar _____?

Téigh go dtí edco.ie/iontas1 chun idirghníomhaíochtaí a dhéanamh.

Samplaí

Scríobh	Fás	Íoc
scríobh mé	d'fhás mé	d'íoc mé
scríobh tú	d'fhás tú	d'íoc tú
scríobh sé/sí	d'fhás sé/sí	d'íoc sé/sí
scríobh**amar**	d'fhás**amar**	d'íoc**amar**
scríobh sibh	d'fhás sibh	d'íoc sibh
scríobh siad	d'fhás siad	d'íoc siad
níor scríobh mé	**níor fhás mé**	**níor íoc mé**
ar scríobh mé?	**ar fhás mé?**	**ar íoc mé?**

*Ní féidir séimhiú a chur ar bhriathar a thosaíonn le 'sc' – féach ar 'scríobh' thuas.

❸ **Líon na bearnaí thíos.**

a) (Scríobh sinn) _____ inár gcóipleabhar inné sa rang Gaeilge.

b) (Ar fás) _____ crann rós i do ghairdín anuraidh?

c) (Íoc mé) _____ ar an mbus scoile ar maidin.

d) (Níor scríobh) _____ an múinteoir ar an gclár bán inné.

e) (Ar íoc tú) _____ don turas scoile an tseachtain seo caite?

❹ **Téigh siar ar na briathra ar leathanach 230 agus líon isteach na briathra thíos.**

a) (Gearr mé) _____ mo cháca breithlae an Satharn seo caite.

b) (Ní iarr sí) _____ cead óna tuismitheoirí dul chuig an dioscó.

c) (Glan sí) _____ a seomra mar bhí sé an-salach.

d) (Fág sé) _____ an teach agus thóg sé an bus ar a hocht a chlog.

e) (Ar pós) _____ do dheartháir an samhradh seo caite?

❺ **Líon na bearnaí thíos.**

a) Ar _____ tú ar an teilifís aréir?

b) Níor _____ mé mo chuid gruaige ar maidin.

c) _____ an doras nuair a d'fhág an múinteoir an rang.

d) _____ mé an citeal agus rinne mé cupán tae.

e) _____ mo chara ag ceolchoirm i halla na scoile an tseachtain seo caite.

dhúnamar, fhéach, líon, ghearr, chan

An Chéad Réimniú, Briathra Caola

Le foghlaim!

troid	fight	**caith**	spend/throw/wear	**goid**	steal
léim	jump	**bris**	break	**rith**	run
cuir	put	**tuill**	earn	**tuig**	understand
fill	return	**caill**	lose	**teip**	fail
éist	listen	**buail**	hit/meet with	**béic**	shout
úsáid	use	**múin**	teach	**séid**	blow

Téigh siar ar na rialacha a bhaineann leis an Aimsir Chaite thíos.

Rialacha le foghlaim

❶ Má thosaíonn an briathar le **consan** cuireann tú **séimhiú** air.

❷ Má thosaíonn an briathar le **guta** cuireann tú d' roimh an mbriathar.

❸ Má thosaíonn an briathar le **f** cuireann tú isteach **d'** agus **séimhiú**.

An Fhoirm Dhiúltach	Níor + séimhiú
An Fhoirm Cheisteach	Ar + séimhiú
An Chéad Phearsa Uimhir Iolra	-amar/-eamar

Cum abairtí leis na briathra thíos.

Caith	Goid
chaith mé	ghoid mé
chaith tú	ghoid tú
chaith sé/sí	ghoid sé/sí
chaitheamar	ghoideamar
chaith sibh	ghoid sibh
chaith siad	ghoid siad
níor chaith mé	níor ghoid mé
ar chaith mé?	ar ghoid mé?

An Chéad Réimniú, Briathra Caola

Le foghlaim!

Éist	Troid	Tuig
d'éist mé	throid mé	thuig mé
d'éist tú	throid tú	thuig tú
d'éist sé/sí	throid sé/sí	thuig sé/sí
d'éisteamar	throideamar	thuigeamar
d'éist sibh	throid sibh	thuig sibh
d'éist siad	throid siad	thuig siad
níor éist mé	níor throid mé	níor thuig mé
ar éist mé?	ar throid mé?	ar thuig mé?

❶ Freagair na ceisteanna thíos.

a) Ar éist tú leis an raidió ar maidin? _____

b) Ar throid na buachaillí i gclós na scoile inné? _____

c) Ar chaith tú airgead sa siopa ar maidin? _____

d) Ar ghoid aon duine do leabhar Gaeilge riamh? _____

e) Ar chaill tú do chóipleabhar matamaitice riamh? _____

❷ Líon na bearnaí thíos.

a) Chuaigh mé ag siopadóireacht agus (caith mé) _____ a lán airgid.

b) (Caill) _____ mo dhearthair m'iPod ar scoil inné agus ní raibh mé sásta leis.

c) (Níor tuig mé) _____ an cheist agus chuir mé mo lámh suas sa rang.

d) (Ar fill tú) _____ abhaile ón bpictiúrlann ar a deich a chlog aréir?

e) (Léim sinn) _____ san aer nuair a bhuamar an cluiche peile.

❸ Líon na bearnaí thíos.

a) Chuireamar: níor _____   ar _____?

b) Rith mé: níor _____   ar _____?

c) Bhriseamar: níor _____   ar _____?

d) D'úsáid mé: níor _____   ar _____?

❹   Cluiche

Iarr ar na daltaí ceisteanna a chur ar a gcairde sa rang leis na briathra ar leathanach 233.

An Chéad Réimniú, Briathra a chríochnaíonn le '-gh'

Samplaí

Suigh	Nigh
shuigh mé	nigh mé
shuigh tú	nigh tú
shuigh sé/sí	nigh sé/sí
shuíomar	**níomar**
shuigh sibh	nigh sibh
shuigh siad	nigh siad
níor shuigh mé	**níor nigh mé**
ar shuigh mé?	**ar nigh mé?**

❶ Freagair na ceisteanna thíos.

a) **Ar shuigh tú** os comhair na teilifíse aréir?_____

b) **Ar nigh tú** do chuid gruaige ar maidin? _____

c) **Ar shuigh tú** sa chistin ar maidin chun do bhricfeasta a ithe?

_____

d) **Ar nigh tú** do lámha roimh dhinnéar inné? _____

e) **Ar shuigh** do thuismitheoirí in oifig an phríomhoide sa bhunscoil riamh?

_____

❷ Líon na bearnaí thíos.

a) (Suigh sinn) _____ sna seomraí gléasta roimh an gcluiche.

b) (Nigh siad) _____ a lámha nuair a tháinig siad isteach don dinnéar.

c) (Ar suigh tú) _____ in aice le Peadar ar an mbus scoile?

d) (Níor nigh mé) _____ mo bhróga peile agus tá siad an-salach.

e) (Nigh sinn) _____ na gréithe tar éis dinnéir aréir.

❸ Líon na bearnaí thíos.

a) Nigh tú: níor _____   ar _____?

b) Suigh tú: níor _____   ar _____?

c) Níomar: níor _____   ar _____?

d) Shuíomar: níor _____   ar _____?

❹ **Cluiche**

Iarr ar na daltaí ceisteanna a chur ar a gcairde sa rang leis na briathra ar leathanach 234.

Samplaí

Léigh	Glaoigh	Buaigh
léigh mé	ghlaoigh mé	bhuaigh mé
léigh tú	ghlaoigh tú	bhuaigh tú
léigh sé/sí	ghlaoigh sé/sí	bhuaigh sé/sí
léamar	**ghlaoamar**	**bhuamar**
léigh sibh	ghlaoigh sibh	bhuaigh sibh
léigh siad	ghlaoigh siad	bhuaigh siad
níor léigh mé	**níor ghlaoigh mé**	**níor bhuaigh mé**
ar léigh mé?	**ar ghlaoigh mé?**	**ar bhuaigh mé?**

❶ **Freagair na ceisteanna thíos.**

a) **Ar léigh tú** leabhar suimiúil le déanaí? _____

b) **Ar ghlaoigh tú** ar do chara aréir? _____

c) **Ar bhuaigh tú** cluiche ar fhoireann na scoile anuraidh? _____

d) **Ar bhuaigh tú** duais riamh? _____

e) **Ar ghlaoigh** an príomhoide ort riamh? _____

❷ **Líon na bearnaí thíos.**

a) _____ an cluiche peile agus thug an
príomhoide leathlá dóibh.

b) _____ mo chara orm agus chuamar
chuig an bpictiúrlann le chéile.

c) _____ gearrscéal suimiúil sa rang
Béarla inné.

d) Níor _____ an cluiche haca
agus bhí brón an domhain orainn.

e) _____ alt sa nuachtán faoi One
Direction le déanaí.

léamar, bhuamar, bhuaigh siad, léigh mé, ghlaoigh

❸ **Líon na bearnaí thíos.**

a) (Léigh sinn) _____ an t-úrscéal *The Boy in the Striped Pyjamas* sa rang
Béarla roimh Nollaig.

b) (Ar léigh tú) _____ *Harry Potter and the Philosopher's Stone* sa
bhunscoil?

c) (Níor glaoigh sé) _____ ar a chara tar éis scoile mar bhí a lán obair
bhaile aige.

d) (Glaoigh sinn) _____ ar ár gcairde agus d'imríomar peil tar éis scoile.

e) (Buaigh sí) _____ an cluiche leadóige an Satharn seo caite.

An Dara Réimniú, Briathra Leathana

Le foghlaim!

An bhfuil na briathra thíos ar eolas agat? Imir cluiche sa rang.

ceannaigh	buy	**gortaigh**	injure	**críochnaigh**	finish
aontaigh	agree	**scrúdaigh**	examine	**cabhraigh**	help
brostaigh	hurry	**fiosraigh**	investigate	**cónaigh**	live
scanraigh	frighten	**tosaigh**	start	**ullmhaigh**	prepare
sleamhnaigh	slip	**ceartaigh**	correct	**diúltaigh**	refuse

Téigh siar ar na rialacha a bhaineann leis an Aimsir Chaite thíos.

❶ Má thosaíonn an briathar le **consan** cuireann tú **séimhiú** air.
❷ Má thosaíonn an briathar le **guta** cuireann tú **d'** roimh an mbriathar.
❸ Má thosaíonn an briathar le **f** cuireann tú isteach **d'** agus **séimhiú**.

An Fhoirm Dhiúltach   Níor + séimhiú
An Fhoirm Cheisteach   Ar + séimhiú
An Chéad Phearsa Uimhir Iolra -aíomar/-íomar

Brost(aigh)	Ullmh(aigh)	Críochn(aigh)
bhrostaigh mé	**d'**ullmhaigh mé	**ch**ríochnaigh mé
bhrostaigh tú	**d'**ullmhaigh tú	**ch**ríochnaigh tú
bhrostaigh sé/sí	**d'**ullmhaigh sé/sí	**ch**ríochnaigh sé/sí
bhrost**aíomar**	**d'**ullmh**aíomar**	**ch**ríochn**aíomar**
bhrostaigh sibh	**d'**ullmhaigh sibh	**ch**ríochnaigh sibh
bhrostaigh siad	**d'**ullmhaigh siad	**ch**ríochnaigh siad
níor bhrostaigh mé	**níor ullmhaigh mé**	**níor chríochnaigh mé**
ar bhrostaigh mé?	**ar ullmhaigh mé?**	**ar chríochnaigh mé?**

Scríobh na briathra thuas i do chóipleabhar. Pioc dhá bhriathar ón mbosca agus scríobh san Aimsir Chaite i do chóipleabhar iad. Léigh amach na briathra don rang.

Cluiche

Imir cluiche searáidí sa rang leis na briathra thuas.

Cleachtadh ag scríobh

❶ Foghlaim na briathra ar leathanach 237 agus líon na bearnaí thíos.

Gortaigh	Sleamhnaigh	Ceannaigh
ghortaigh mé		cheannaigh mé
	shleamhnaigh tú	
		cheannaigh sé/sí
ghortaíomar		
	shleamhnaigh sibh	
		cheannaigh siad
ar	ar	ar
níor	níor	níor

❷ Freagair na ceisteanna thíos.

a) **Ar ghortaigh** tú do chos nó do lámh ag imirt spóirt riamh? _____

b) **Ar shleamhnaigh tú** ar an leac oighir an geimhreadh seo caite?

_____

c) **Ar cheannaigh tú** bríste géine le déanaí? _____

d) **Ar cheannaigh tú** do lón sa siopa ar maidin? _____

e) **Ar shleamhnaigh** do thuismitheoirí ar an leac oighir an geimhreadh seo caite?

_____

❸ Líon na bearnaí thíos.

a) (Críochnaigh mé) _____ mo chuid obair bhaile agus d'fhéach mé ar an teilifís.

b) (Sleamhnaigh) _____ mo chara ar an mbóthar fliuch agus ghortaigh sí a cos.

c) (Brostaigh sinn) _____ ar scoil mar bhíomar déanach.

d) (Tosaigh) _____ an cluiche ar a leathuair tar éis a trí inné.

e) (Cónaigh sinn) _____ i gCorcaigh agus bhogamar go Contae Lú anuraidh.

❹ Líon na bearnaí thíos.

a) Chabhraigh mé: níor _____   ar _____?

b) Dhiúltaigh sí: níor _____   ar _____?

c) Bhrostaíomar: níor _____   ar _____?

d) Scanraigh sibh: níor _____   ar _____?

e) Chónaíomar: níor _____   ar _____?

An Dara Réimniú, Briathra Caola

Le foghlaim!

An bhfuil na briathra thíos ar eolas agat? Imir cluiche sa rang.

ceistigh	question	**éirigh**	get up	**oibrigh**	work
deisigh	fix	**foilsigh**	publish	**dúisigh**	wake
imigh	go	**aistrigh**	translate	**impigh**	beg
bailigh	collect	**cóirigh**	make up	**cuidigh**	help

Téigh siar ar na rialacha a bhaineann leis an Aimsir Chaite.

Samplaí

Ceist(igh)	Éir(igh)	Im(igh)
cheistigh mé	**d**'éirigh mé	**d**'imigh mé
cheistigh tú	**d**'éirigh tú	**d**'imigh tú
cheistigh sé/sí	**d**'éirigh sé/sí	**d**'imigh sé/sí
cheist**íomar**	**d**'éir**íomar**	**d**'im**íomar**
cheistigh sibh	**d**'éirigh sibh	**d**'imigh sibh
cheistigh siad	**d**'éirigh siad	**d**'imigh siad
níor cheistigh mé	**níor éirigh mé**	**níor imigh mé**
ar cheistigh mé?	**ar éirigh mé?**	**ar imigh mé**

❶ **Freagair na ceisteanna thíos.**

   a) Ar éirigh tú ar a hocht a chlog ar maidin? _____

   b) Ar bhailigh an múinteoir Béarla na cóipleabhair an Luan seo caite?

   _____

   c) Ar chóirigh tú do leaba ar maidin? _____

   d) Ar cheistigh an múinteoir Gaeilge an rang inné? _____

   e) Ar imigh tú ar scoil roimh a hocht ar maidin? _____

❷ **Foghlaim na briathra thuas agus líon na bearnaí thíos.**

Deisigh	Oibrigh	Cuidigh
dheisigh mé		
	d'oibrigh tú	
		chuidigh sé/sí
dheisíomar		
	d'oibrigh sibh	
		chuidigh siad
níor dheisigh mé	níor	níor
ar	ar	ar

Cleachtadh ag scríobh

1 **Líon na bearnaí thíos.**

a) (Deisigh) _____ mo Dhaid
   mo rothar an Satharn seo caite.

b) (Cuidigh) _____ mo
   dheartháir liom le mo chuid obair bhaile aréir.

c) (Dúisigh sí) _____ ar a
   naoi a chlog agus bhí sí déanach don scoil.

d) (Aistrigh) _____ an
   múinteoir an cheist dom sa rang Gaeilge.

e) (Oibrigh) _____ Seán go
   dian ag glanadh a sheomra an Satharn seo
   caite.

2 **Líon na bearnaí thíos.**

a) _____ mé na liathróidí tar éis traenála an Déardaoin seo caite.

b) _____ mo dheirfiúr a leaba ar maidin.

c) _____ mé san ollmhargadh an samhradh seo caite.

d) _____ go luath nuair a chualamar an clog aláraim.

e) _____ mé abhaile ar a deich a chlog.

d'oibrigh, bhailigh, d'imigh, chóirigh, dhúisíomar

3 **Líon na bearnaí thíos.**

a) Bhailíomar: níor _____   ar _____?
b) Cheistigh mé: níor _____   ar _____?
c) Dhúisigh sí: níor _____   ar _____?
d) D'imíomar: níor _____   ar _____?

4 **Líon na bearnaí thíos.**

Ceistigh	Cóirigh	Imigh
cheistigh mé		
	chóirigh tú	
		d'imigh sé/sí
cheistíomar		
	chóirigh sibh	
		d'imigh siad
níor	níor	níor
ar	ar	ar

An Dara Réimniú, Briathra a chríochnaíonn ar 'ail' ' is' 'ir' 'il'

Le foghlaim!

An bhfuil na briathra thíos ar eolas agat? Imir cluiche sa rang.

taitin	enjoy	**labhair**	speak	**eitil**	fly
bagair	threaten	**codail**	sleep	**ceangail**	tie
imir	play	**freagair**	answer	**oscail**	open

Samplaí

Imir	Codail	Oscail
d'imir mé	chodail mé	d'oscail mé
d'imir tú	chodail tú	d'oscail tú
d'imir sé/sí	chodail sé/sí	d'oscail sé/sí
d'imríomar	chodlaíomar	d'osclaíomar
d'imir sibh	chodail sibh	d'oscail sibh
d'imir siad	chodail siad	d'oscail siad
níor imir mé	níor chodail mé	níor oscail mé
ar imir mé?	ar chodail mé?	ar oscail mé?

❶ **Freagair na ceisteanna thíos.**

    a) **Ar imir tú** cluiche ar fhoireann na scoile riamh?_____

    b) **Ar oscail tú** fuinneog do sheomra leapa aréir?_____

    c) **Ar chodail** do chara i do theach riamh? _____

    d) **Ar thaitin** na cluichí Oilimpeacha i Londain leat? _____

    e) **Ar fhreagair tú** aon cheist os ard sa rang Gaeilge inné? _____

❷ **Líon na bearnaí thíos.**

    a) _____ an múinteoir a lán ceisteanna sa rang Gaeilge inné.

    b) _____ in óstán deas ar an turas scoile.

    c) _____ mé doras na scoile agus chonaic mé an príomhoide.

    d) _____ mo chara cluiche cispheile i bPobalscoil Íde inné.

    e) _____ an t-éan thar chlós na scoile.

    d'fhreagair, d'imir, d'oscail, d'eitil, chodlaíomar

❸ **Líon na bearnaí thíos.**

    a) (Taitin) _____ an cheolchoirm go mór liom.

    b) (Níor freagair) _____ Leo an cheist sa rang agus bhí an múinteoir crosta.

    c) (Níor imir mé) _____ leadóg riamh ach d'imir mo chara cluiche leadóige inné.

    d) (Ar codail tú) _____ i dteach d'aintín riamh?

    e) (Oscail) _____ Caitríona an cófra agus thóg sí amach mála siúcra.

An Dara Réimniú, Briathra le dhá shiolla

Le foghlaim!

An bhfuil na briathra thíos ar eolas agat? Imir cluiche sa rang.

Foghlaim	Tarraing	Tuirling
d'fhoghlaim mé	**th**arraing mé	**th**uirling mé
d'fhoghlaim tú	**th**arraing tú	**th**uirling tú
d'fhoghlaim sé/sí	**th**arraing sé/sí	**th**uirling sé/sí
d'fhoghlaim**íomar**	**th**arraing**íomar**	**th**uirling**íomar**
d'fhoghlaim sibh	**th**arraing sibh	**th**uirling sibh
d'fhoghlaim siad	**th**arraing siad	**th**uirling siad
níor fhoghlaim mé	**níor tharraing mé**	**níor thuirling mé**
ar fhoghlaim mé?	**ar tharraing mé?**	**ar thuirling mé?**

❶ **Líon na bearnaí thíos.**

a) (Foghlaim mé) _____ scileanna nua ar an bpáirc imeartha inné.

b) (Tarraing) _____ an buachaill cailín óg ón abhainn aréir.

c) (Tuirling) _____ an t-eitleán ag aerfort Bhaile Átha Cliath ar maidin.

d) (Ar foghlaim tú) _____ ceacht nuair a thóg an príomhoide d'fhón póca inné?

e) (Tuirling sinn) _____ den bhus agus chuamar ag siopadóireacht.

❷ **Líon na bearnaí thíos.**

a) D'fhoghlaim mé: níor _____   ar _____?

b) Thuirlingíomar: níor _____   ar _____?

c) Tharraing mé: níor _____   ar _____?

❸ **Cuir na ceisteanna thíos ar na daltaí os ard sa rang.**

a) Ar fhoghlaim tú dán Béarla sa bhunscoil?

b) Ar fhoghlaim tú amhrán i nGaeilge riamh?

c) Ar fhoghlaim tú teanga nua sa mheánscoil?

d) Ar fhoghlaim tú Fraincis sa bhunscoil?

Briathra Neamhrialta

Tá		
bhí mé	ní raibh mé	an raibh mé?
bhí tú	ní raibh tú	an raibh tú?
bhí sé/sí	ní raibh sé/sí	an raibh sé/sí?
bhíomar	ní rabhamar	an rabhamar?
bhí sibh	ní raibh sibh	an raibh sibh?
bhí siad	ní raibh siad	an raibh siad?

Téigh		
chuaigh mé	ní dheachaigh mé	an ndeachaigh mé?
chuaigh tú	ní dheachaigh tú	an ndeachaigh tú?
chuaigh sé/sí	ní dheachaigh sé/sí	an ndeachaigh sé/sí?
chuamar	ní dheachamar	an ndeachamar?
chuaigh sibh	ní dheachaigh sibh	an ndeachaigh sibh?
chuaigh siad	ní dheachaigh siad	an ndeachaigh siad?

Feic		
chonaic mé	ní fhaca mé	an bhfaca mé?
chonaic tú	ní fhaca tú	an bhfaca tú?
chonaic sé/sí	ní fhaca sé/sí	an bhfaca sé/sí?
chonaiceamar	ní fhacamar	an bhfacamar?
chonaic sibh	ní fhaca sibh	an bhfaca sibh?
chonaic siad	ní fhaca siad	an bhfaca siad?

Déan		
rinne mé	ní dhearna mé	an ndearna mé?
rinne tú	ní dhearna tú	an ndearna tú?
rinne sé/sí	ní dhearna sé/sí	an ndearna sé/sí?
rinneamar	ní dhearnamar	an ndearnamar?
rinne sibh	ní dhearna sibh	an ndearna sibh?
rinne siad	ní dhearna siad	an ndearna siad?

Abair		
dúirt mé	ní dúirt mé	an ndúirt mé?
dúirt tú	ní dúirt tú	an ndúirt tú?
dúirt sé/sí	ní dúirt sé/sí	an ndúirt sé/sí?
dúramar	ní dúramar	an ndúramar?
dúirt sibh	ní dúirt sibh	an ndúirt sibh?
dúirt siad	ní dúirt siad	an ndúirt siad?

Faigh

fuair mé	ní bhfuair mé	an bhfuair mé?
fuair tú	ní bhfuair tú	an bhfuair tú?
fuair sé/sí	ní bhfuair sé/sí	an bhfuair sé/sí?
fuaireamar	ní bhfuaireamar	an bhfuaireamar?
fuair sibh	ní bhfuair sibh	an bhfuair sibh?
fuair siad	ní bhfuair siad	an bhfuair siad?

Tar

tháinig mé	níor tháinig mé	ar tháinig mé?
tháinig tú	níor tháinig tú	ar tháinig tú?
tháinig sé/sí	níor tháinig sé/sí	ar tháinig sé/sí?
thángamar	níor thángamar	ar thángamar?
tháinig sibh	níor tháinig sibh	ar tháinig sibh?
tháinig siad	níor tháinig siad	ar tháinig siad?

Clois

chuala mé	níor chuala mé	ar chuala mé?
chuala tú	níor chuala tú	ar chuala tú?
chuala sé/sí	níor chuala sé/sí	ar chuala sé/sí?
chualamar	níor chualamar	ar chualamar?
chuala sibh	níor chuala sibh	ar chuala sibh?
chuala siad	níor chuala siad	ar chuala siad?

Ith

d'ith mé	níor ith mé	ar ith mé?
d'ith tú	níor ith tú	ar ith tú?
d'ith sé/sí	níor ith sé/sí	ar ith sé/sí?
d'itheamar	níor itheamar	ar itheamar?
d'ith sibh	níor ith sibh	ar ith sibh?
d'ith siad	níor ith siad	ar ith siad?

Beir

rug mé	níor rug mé	ar rug mé?
rug tú	níor rug tú	ar rug tú?
rug sé/sí	níor rug sé/sí	ar rug sé/sí?
rugamar	níor rugamar	ar rugamar?
rug sibh	níor rug sibh	ar rug sibh?
rug siad	níor rug siad	ar rug siad?

Tabhair		
thug mé	níor thug mé	ar thug mé?
thug tú	níor thug tú	ar thug tú?
thug sé/sí	níor thug sé/sí	ar thug sé/sí?
thugamar	níor thugamar	ar thugamar?
thug sibh	níor thug sibh	ar thug sibh?
thug siad	níor thug siad	ar thug siad?

Cleachtadh ag scríobh

❶ Líon na bearnaí thíos.

a) (Téigh mé) _____ go dtí an siopa agus cheannaigh mé seacláid.

b) (Clois sí) _____ an clog agus léim sí as an leaba.

c) (Beir sé) _____ ar an liathróid agus chaith sé i dtreo an chiseáin í.

d) (Tar sinn) _____ abhaile agus d'ullmhaíomar an lón.

e) (Tabhair) _____ an múinteoir a lán obair bhaile don rang.

❷ Líon na bearnaí thíos.

a) _____ sé an gadaí agus ghlaoigh sé ar na Gardaí.

b) _____ mo dhinnéar mar bhí mé tinn.

c) _____ an buachaill rothar nua dá bhreithlá an tseachtain seo caite.

d) _____ na buachaillí chuig an rang agus bhí fearg ar an múinteoir.

e) _____ do bhricfeasta ar maidin?

fuair, ar ith tú, chonaic, níor ith mé, ní dheachaigh

❸ Líon na bearnaí thíos.

a) Ar ith tú tósta ar maidin? _____ mé **nó** níor _____ mé

b) Ar thóg tú an bus ar maidin? _____ mé **nó** níor _____ mé

c) An bhfuair tú obair bhaile inné? _____ mé **nó** níor _____ mé

d) An ndeachaigh tú chuig an siopa ar maidin? _____ mé **nó** níor _____ mé

e) An ndearna tú an dinnéar sa bhaile inné? _____ mé **nó** níor _____ mé

❹ Freagair na ceisteanna thíos.

a) An bhfaca tú scannán sa phictiúrlann an tseachtain seo caite?

_____

b) Ar tháinig tú ar scoil ar an mbus ar maidin?

_____

c) An raibh cóisir breithlae agat anuraidh?

_____

d) An ndeachaigh tú ag siopadóireacht le déanaí?

_____

e) An ndúirt tú leis an múinteoir Gaeilge riamh nach raibh do chuid obair bhaile déanta agat?

_____

Cleachtadh ag scríobh

❶ Líon na bearnaí thíos.

Téigh	Clois	Déan
chuaigh mé		
	chuala tú	
		rinne sé/sí
chuamar		
	chuala sibh	
		rinne siad
ní dheachaigh mé	níor chuala mé	ní dhearna mé
an	ar	an

❷ Líon na bearnaí thíos.

a) (Abair mé) _____ leis an bpríomhoide go raibh brón orm go raibh mé déanach don scoil.

b) (Faigh mé) _____ culaith shnámha nua do mo laethanta saoire inniu.

c) (Feic mé) _____ mo chara ag stad an bhus agus thug mo Mham síob di.

d) (Ith sinn) _____ sceallóga agus burgair don dinnéar inné.

e) (Tabhair) _____ an dochtúir oideas don bhuachaill.

❸ Líon na bearnaí thíos.

a) Dúirt mé   ní _____   an ndúirt mé?

b) Rinne mé   ní dhearna mé   an _____?

c) Tháinig mé   níor tháinig mé   ar _____?

d) Chonaic mé   ní _____   an bhfaca mé?

e) Rug mé   níor rug mé   ar rug mé?

❹ Líon na bearnaí thíos.

a) _____ mé abhaile ón nGaeltacht agus chuir mé glao ar mo chairde.

b) _____ mé ar an raidió go mbeidh Justin Bieber ag teacht go hÉirinn.

c) _____ cóisir mhór agam do mo bhreithlá anuraidh.

d) _____ sé an múinteoir ag teacht agus rith sé isteach sa seomra ranga.

e) _____ leathlá ón bpríomhoide nuair a bhuamar an cluiche peile.

chonaic, tháinig, bhí, fuaireamar, chuala

❺ Líon na bearnaí thíos.

a) _____ Lady Gaga san O2 aréir.

b) _____ i-fón nua dá breithlá inné.

c) _____ an múinteoir ag teacht agus shuigh siad.

d) _____ tinn ar maidin agus d'fhan sé sa leaba.

Bhí sé, Chonaic mé, Fuair sí, Chuala siad

Súil siar ar an Aimsir Chaite

❶ **Líon na bearnaí thíos.**

(Bí) _____ áthas an domhain orm nuair a fuair mé mo laethanta saoire anuraidh. (Tóg mé) _____ sos ó mo chuid obair scoile. (Fan mé) _____ sa leaba agus (féach mé) _____ ar an teilifís. (Caith mé) _____ a lán ama ag imirt spóirt le mo chairde. Tár éis cúpla seachtain (faigh mé) _____ post sa siopa nuachtán. (Taitin) _____ an post go mór liom. (Déan mé) _____ cairde nua agus (tuill mé) _____ a lán airgid. Ag deireadh an tsamhraidh (téigh mé) _____ ar saoire le mo theaghlach.

❷ **Líon na bearnaí thíos.**
   a) (Faigh) _____ mo Dhaid post nua an tseachtain seo caite.
   b) (Níor glan) _____ Seán a sheomra agus bhí fearg ar a Mham leis.
   c) (Cuir mé) _____ mo lón i mo mhála scoile agus d'fhág mé an teach.
   d) (Ól mé) _____ tae nuair a tháinig mé abhaile ón scoil.
   e) (Fan) _____ an cailín ar scoil chun an seomra ranga a ghlanadh.

❸ **Líon na bearnaí thíos.**
   a) **Ar chríochnaigh tú** do chuid obair bhaile roimh a seacht aréir?
      Chríochnaigh mé   **nó**   níor _____
   b) **Ar bhailigh tú** na cóipleabhair don mhúinteoir inné?
      Bhailigh mé   **nó**   níor _____
   c) **Ar ól tú** sú oráiste ar maidin?
      D'ól mé   **nó**   níor _____
   d) **Ar oscail tú** an fhuinneog sa seomra ranga inniu?
      D'oscail mé   **nó**   níor _____

❹ **Scríobh abairtí leis na briathra thíos i do chóipleabhar.**

cuir	bris	fan	fág
ól	ceannaigh	deisigh	foghlaim

247

An Aimsir Fháistineach

Cathain a úsáideann tú an Aimsir Fháistineach?

Úsáideann tú an Aimsir Fháistineach nuair atá tú ag caint faoi rudaí a tharlóidh sa todhchaí (in the future). Féach ar na samplaí thíos:

❶ Rachaidh mé chuig an bpictiúrlann **anocht**.
❷ Buailfidh mé le mo chairde sa chathair **an deireadh seachtaine seo chugainn**.
❸ Beidh mo dheartháir ag dul chuig an bhfiaclóir **amárach**.
❹ **An samhradh seo chugainn** rachaidh mé chuig an nGaeltacht.
❺ **Tar éis scoile** imreoidh mo chara cluiche cispheile.

Le foghlaim!

amárach	tomorrow	**arú amárach**	the day after tomorrow
anocht	tonight	**an mhí seo chugainn**	next month
tar éis scoile	after school	**níos déanaí**	later
ag am lóin	at lunch time	**an tseachtain seo chugainn**	next week
ar an Satharn	on Saturday	**an samhradh seo chugainn**	next summer

An Chéad Réimniú, Briathra Leathana

Le foghlaim!

fág	leave	**fás**	grow	**gearr**	cut
iarr	ask	**glan**	clean	**can**	sing
ól	drink	**pós**	marry	**tóg**	take
dún	close	**scríobh**	write	**geall**	promise
féach	watch	**íoc**	pay	**meas**	think
díol	sell	**líon**	fill	**scrios**	destroy
cas	turn	**fan**	stay	**cíor**	comb

Cluiche

An bhfuil na briathra thuas ar eolas ag na daltaí sa rang? Téigh timpeall an ranga go tapa agus faigh amach an bhfuil na briathra ar eolas acu.

An Chéad Réimniú, Briathra Leathana

Féach ar na briathra samplacha thíos.

Samplaí

Fan	Scríobh	Tóg
fan**faidh** mé	scríobh**faidh** mé	tóg**faidh** mé
fan**faidh** tú	scríobh**faidh** tú	tóg**faidh** tú
fan**faidh** sé/sí	scríobh**faidh** sé/sí	tóg**faidh** sé/sí
fan**faimid**	scríobh**faimid**	tóg**faimid**
fan**faidh** sibh	scríobh**faidh** sibh	tóg**faidh** sibh
fan**faidh** siad	scríobh**faidh** siad	tóg**faidh** siad

an fhoirm dhiúltach – riail le foghlaim – ní + séimhiú

ní (fhanfaidh) mé   ní (scríobhfaidh) mé   ní (thógfaidh) mé

an fhoirm cheisteach – riail le foghlaim – an + urú ach amháin leis na gutaí

an (bhfanfaidh) mé?   an (scríobhfaidh) mé?   an (dtógfaidh) mé?

❶ Freagair na ceisteanna thíos.

a) **An bhfanfaidh** tú in Éirinn an samhradh seo chugainn? _____

b) **An dtabharfaidh** tú lón ar scoil amárach? _____

c) **An scríobhfaidh** tú do chuid obair bhaile Ghaeilge i do chóipleabhar anocht? _____

d) **An bhfanfaidh** daltaí siar tar éis scoile chun spórt a imirt? _____

e) **An scríobhfaidh** an múinteoir matamaitice ar an gclár bán amárach? _____

❷ Líon na bearnaí thíos.

Gearr	Glan	Fás
gearr**faidh** mé		fás**faidh** mé
	glan**faidh** tú	
		fás**faidh** sé/sí
	glan**faimid**	
gearr**faidh** sibh		
		fás**faidh** siad
ní ghearrfaidh mé		ní
an	an nglanfaidh mé?	an

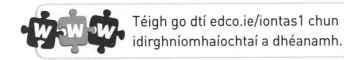

Téigh go dtí edco.ie/iontas1 chun idirghníomhaíochtaí a dhéanamh.

Samplaí

Dún	Féach	Ól
dún**faidh** mé	féach**faidh** mé	ól**faidh** mé
dún**faidh** tú	féach**faidh** tú	ól**faidh** tú
dún**faidh** sé/sí	féach**faidh** sé/sí	ól**faidh** sé/sí
dún**faimid**	féach**faimid**	ól**faimid**
dún**faidh** sibh	féach**faidh** sibh	ól**faidh** sibh
dún**faidh** siad	féach**faidh** siad	ól**faidh** siad

an fhoirm dhiúltach – riail le foghlaim – ní + séimhiú

ní dhúnfaidh mé   ní fhéachfaidh mé   ní ólfaidh mé

an fhoirm cheisteach – riail le foghlaim – an + urú ach amháin leis na gutaí

an ndúnfaidh mé?   an bhféachfaidh mé?   an ólfaidh mé?

❶ **Freagair na ceisteanna thíos.**
   a) **An ólfaidh tú** bainne ag am bricfeasta amárach?
   b) **An bhféachfaidh tú** ar an teilifís tar éis scoile amárach?
   c) **An ndúnfaidh tú** na fuinneoga sa seomra ranga tar éis scoile inniu?
   d) **An bhféachfaidh sibh** ar TG4 sa rang Gaeilge amárach?
   e) **An ólfaidh** na múinteoirí tae agus caife i seomra na múinteoirí ag am lóin?

❷ **Líon na bearnaí thíos.**
   a) (Íoc mé) _____ ar an mbus scoile amárach.
   b) (Ól sé) _____ ag am lóin.
   c) (Ní féach sinn) _____ ar an teilifís anocht.
   d) (An can tú) _____ sa cheolchoirm amárach?
   e) (Fág siad) _____ an chathair ar a trí a chlog.

❸ **Líon na bearnaí thíos.**
   a) (Líon sé) _____ an citeal le huisce agus déanfaidh sé cupán tae.
   b) (Fan) _____ an múinteoir siar tar éis scoile amárach chun labhairt le tuismitheoir.
   c) (Tóg siad) _____ na cóipleabhair ón gcófra an Aoine seo chugainn.
   d) (Pós) _____ mo dheartháir i bPáras an samhradh seo chugainn.
   e) (Íoc) _____ na páistí ar an mbus scoile tar éis scoile.

An Chéad Réimniú, Briathra Caola

Le foghlaim!
An bhfuil na briathra thíos ar eolas agat? Imir cluiche sa rang.

troid	fight	caith	spend/throw/wear	goid	steal
léim	jump	bris	break	rith	run
cuir	put	tuill	earn	tuig	understand
fill	return	caill	lose	teip	fail
éist	listen	buail	hit/meet with	béic	shout
úsáid	use	múin	teach	séid	blow

Cluiche

Cé mhéad briathar le siolla amháin atá ar eolas agat? Iarr ar na daltaí na briathra atá ar eolas acu a scríobh ina gcóipleabhar. Ansin, scríobh na briathra go léir a ghlaonn na daltaí amach ar an gclár bán.

Féach ar na briathra samplacha thíos.

Samplaí

Caill	Múin	Éist
caillfidh mé	múinfidh mé	éistfidh mé
caillfidh tú	múinfidh tú	éistfidh tú
caillfidh sé/sí	múinfidh sé/sí	éistfidh sé/sí
caillfimid	múinfimid	éistfimid
caillfidh sibh	múinfidh sibh	éistfidh sibh
caillfidh siad	múinfidh siad	éistfidh siad

an fhoirm dhiúltach – riail le foghlaim – ní + séimhiú

ní (chaillfidh) mé   ní (mhúinfidh) mé   ní (éistfidh) mé

an fhoirm cheisteach – riail le foghlaim – an + urú ach amháin leis na gutaí

an (gcaillfidh) mé?   an (múinfidh) mé?   an (éistfidh) mé?

Cleachtadh ag scríobh

❶ Líon na bearnaí thíos. Bain úsáid as na briathra ar leathanach 251.

a) _____ an múinteoir an rang sa tsaotharlann amárach.

b) _____ leis an traenalaí agus rithfidh mé timpeall na páirce.

c) _____ a chuid airgid sa chathair agus beidh brón air.

d) _____ an príomhoide an rang, múinfidh an múinteoir an rang.

e) _____ liom, a Phádraig, ní bheidh tú ag dul chuig an dioscó!

ní mhúinfidh, éistfidh mé, múinfidh, an éistfidh tú, caillfidh sé

❷ Freagair na ceisteanna thíos.

a) An éistfidh tú le d'iPod anocht?   Éistfidh   **nó**   ní éistfidh

b) An bhfillfidh tú abhaile ón dioscó roimh a dó dhéag?   _____ **nó** _____

c) An gcuirfidh tú do leabhair scoile i do mhála anocht?   _____ **nó** _____

d) An séidfidh gaoth láidir ar fud na tíre amárach?   _____ **nó** _____

e) An gcaithfidh tú airgead sa siopa ar an Satharn?   _____ **nó** _____

❸ Líon na bearnaí thíos.

a) (Troid) _____ na buachaillí i gclós na scoile amárach.

b) (Ní éist sí) _____ leis an múinteoir sa rang Béarla.

c) (Léim) _____ an buachaill den bhalla agus gortóidh sé a chos.

d) (Rith mé) _____ sa rás ag an lá spóirt an tseachtain seo chugainn.

e) (An cuir) _____ an príomhoide glao ar do thuismitheoirí?

❹ Líon na bearnaí thíos.

Cuir	Rith	Béic
cuirfidh mé		
	rithfidh tú	
		béicfidh sé/sí
cuirfimid		
	rithfidh sibh	
		béicfidh siad
ní	ní	ní
an	an	an

An Chéad Réimniú, Briathra a chríochnaíonn le '-gh'

Samplaí

Suigh	Nigh
suí**fidh** mé	ní**fidh** mé
suí**fidh** tú	ní**fidh** tú
suí**fidh** sé/sí	ní**fidh** sé/sí
suí**fimid**	ní**fimid**
suí**fidh** sibh	ní**fidh** sibh
suí**fidh** siad	ní**fidh** siad

an fhoirm dhiúltach – riail le foghlaim – ní + séimhiú

ní ⟨shuífidh⟩ mé   ní ⟨nífidh⟩ mé

an fhoirm cheisteach – riail le foghlaim – an + urú ach amháin leis na gutaí

an ⟨suífidh⟩ mé?   an ⟨nífidh⟩ mé?

❶ **Líon na bearnaí thíos.**

a) (Nigh mé) _____ mo lámha roimh dhinnéar.

b) (Ní léigh sí) _____ *Harry Potter* mar ní maith léi leabhair JK Rowling.

c) (Suigh sí) _____ in aice lena cara sa staid Aviva anocht.

d) (Ní nigh sé) _____ a bhróga peile tar éis an chluiche amárach.

e) (Léigh sí) _____ gearrscéal nua sa rang Béarla amárach.

❷ **Líon na bearnaí thíos.**

Léigh
léifidh mé
léifidh sé/sí
léifidh sibh

❸ **Scríobh abairtí leis na briathra seo i do chóipleabhar:**

léigh, suigh, nigh.

Le foghlaim!

Glaoigh	Buaigh
glao**faidh** mé	bua**faidh** mé
glao**faidh** tú	bua**faidh** tú
glao**faidh** sé/sí	bua**faidh** sé/sí
glao**faimid**	bua**faimid**
glao**faidh** sibh	bua**faidh** sibh
glao**faidh** siad	bua**faidh** siad

an fhoirm dhiúltach — riail le foghlaim — ní + séimhiú

ní (ghlaofaidh) mé   ní (bhuafaidh) mé

an fhoirm cheisteach — riail le foghlaim — an + urú ach amháin leis na gutaí

an (nglaofaidh) mé?   an (mbuafaidh) mé?

Le foghlaim!

glaoigh	call	**luaigh**	mention
buaigh	win	**cráigh**	torment

❶ Líon na bearnaí thíos.

a) (Glaoigh) _____ an múinteoir orm sa rang amárach.

b) (Buaigh) _____ An Clár an cluiche i bPáirc an Chrócaigh amárach.

c) (Glaoigh) _____ mo Mham orm nuair a bheidh an dinnéar réidh.

d) (An buaigh) _____ an fhoireann cispheile an cluiche an Chéadaoin seo chugainn?

e) (Ní glaoigh mé) _____ ar mo chara anocht mar beidh mé ag déanamh mo chuid obair bhaile.

❷ Líon na bearnaí thíos.

a) Luafaidh mé: ní _____   an _____?

b) Buafaidh sé: ní _____   an _____?

c) Glaofaidh sí: ní _____   an _____?

An Dara Réimniú, Briathra Leathana

Le foghlaim!

An bhfuil na briathra thíos ar eolas agat? Imir cluiche sa rang.

ceannaigh	buy	**gortaigh**	injure	**críochnaigh**	finish
aontaigh	agree	**scrúdaigh**	examine	**cabhraigh**	help
brostaigh	hurry	**fiosraigh**	investigate	**cónaigh**	live
scanraigh	frighten	**tosaigh**	start	**ullmhaigh**	prepare
sleamhnaigh	slip	**ceartaigh**	correct	**diúltaigh**	refuse

an fhoirm dhiúltach – riail le foghlaim – ní + séimhiú

ní cheannóidh mé   ní bhrostóidh mé   ní thosóidh mé

an fhoirm cheisteach – riail le foghlaim – an + urú ach amháin leis na gutaí

an gceannóidh mé?   an mbrostóidh mé?   an dtosóidh mé?

❶ **Líon na bearnaí thíos.**

Ullmhaigh	Críochnaigh	Ceartaigh
ullmhóidh mé		
	críochnóidh tú	
		ceartóidh sé/sí
ullmhóimid		
	críochnóidh sibh	
		ceartóidh siad
ní	ní	ní
an	an	an

❷ **Líon na bearnaí thíos.**

a) _____ an scannán uafáis na páistí anocht.

b) _____ an múinteoir na scrúduithe anocht.

c) _____ an clár teilifíse ar a naoi a chlog anocht?

d) _____ an cailín ar an urlár fliuch agus gortóidh sí a cos.

e) _____ an dinnéar anocht agus beidh áthas ar mo Mham.

an dtosóidh, ullmhóidh mé, scanróidh, sleamhnóidh, ní cheartóidh

❶ **Freagair na ceisteanna thíos.**

a) **An mbrostóidh tú** ar scoil amárach? _____ **nó** ní _____

b) **An ullmhóidh tú** do lón ar maidin? _____ **nó** ní _____

c) **An gceannóidh tú** do lón sa siopa inniu? _____ **nó** ní _____

d) **An gcabhróidh tú** liom le mo chuid obair scoile? _____ **nó** ní _____

e) **An sleamhnóidh tú** ar an leac oighir? _____ **nó** ní _____

❷ **Líon na bearnaí thíos.**

a) (Diúltaigh) _____ an príomhoide agus ní thabharfaidh sí leathlá do na daltaí.

b) (Fiosraigh) _____ na Gardaí an timpiste bhóthair anocht.

c) (Cónaigh) _____ mo chara i Londain an samhradh seo chugainn.

d) (Ullmhaigh) _____ an múinteoir eolaíochta trialacha sa rang amárach.

e) (Ceannaigh sinn) _____ milseáin sa siopa tar éis scoile inniu.

❸ **Líon na bearnaí thíos.**

Scanraigh	Cónaigh	Aontaigh
scanróidh mé		
	cónóidh tú	
		aontóidh sé/sí
scanróimid		
	cónóidh sibh	
		aontóidh siad
ní	ní	ní
an	an	an

❹ **Cuir na ceisteanna thíos ar na daltaí sa rang.**

a) An gcríochnóidh tú do chuid obair bhaile ar a naoi a chlog anocht?

b) An ullmhóidh tú an dinnéar don teaghlach anocht?

c) An gceannóidh tú geansaí nua ag an deireadh seachtaine?

d) An gcabhróidh tú le do chara a obair bhaile a dhéanamh anocht?

An Dara Réimniú, Briathra Caola

Le foghlaim!

ceistigh	question	**éirigh**	get up	**oibrigh**	work
deisigh	fix	**foilsigh**	publish	**dúisigh**	wake
imigh	go	**aistrigh**	translate	**impigh**	beg
bailigh	collect	**cóirigh**	make up	**cuidigh**	help

Oib(righ)	Éir(igh)	Cuid(igh)
oibr**eoidh** mé	éir**eoidh** mé	cuid**eoidh** mé
oibr**eoidh** tú	éir**eoidh** tú	cuid**eoidh** tú
oibr**eoidh** sé/sí	éir**eoidh** sé/sí	cuid**eoidh** sé/sí
oibr**eoimid**	éir**eoimid**	cuid**eoidh**
oibr**eoidh** sibh	éir**eoidh** sibh	cuid**eoidh** sibh
oibr**eoidh** siad	éir**eoidh** siad	cuid**eoidh** siad

an fhoirm dhiúltach – riail le foghlaim – ní + séimhiú

ní (oibreoidh) mé   ní (éireoidh) mé   ní (chuideoidh) mé

an fhoirm cheisteach – riail le foghlaim – an + urú ach amháin leis na gutaí

an (oibreoidh) mé?   an (éireoidh) mé?   an (gcuideoidh) mé?

❶ **Freagair na ceisteanna thíos.**

a) **An oibreoidh tú** i siopa an samhradh seo chugainn?

_____ **nó** ní _____

b) **An éireoidh tú** ar a sé a chlog maidin amárach?

_____ **nó** ní _____

c) **An gcuideoidh tú** le do thuismitheoirí an teach a ghlanadh ag an deireadh seachtaine?

_____ **nó** ní _____

d) **An mbaileoidh tú** na cóipleabhair don mhúinteoir inniu?

_____ **nó** ní _____

2 **Líon na bearnaí thíos.**

Bail(igh)	Dúis(igh)	Deis(igh)
baileoidh mé		
	dúiseoidh tú	
		deiseoidh sé/sí
baileoimid		
	dúiseoidh sibh	
		deiseoidh siad
ní	ní	ní
an	an	an

3 **Líon na bearnaí thíos.**

a) _____ an príomhoide an dalta nuair a thagann sí ar scoil déanach.

b) _____ an fear a lán carranna sa gharáiste amárach.

c) _____ an múinteoir Fraincise an cheist dheacair don rang.

d) _____ mé mo leaba amárach.

e) _____ an buachaill chuig an gcluiche rugbaí lena chairde inniu.

deiseoidh, cóireoidh, ceisteoidh, imeoidh, aistreoidh

4 **Líon na bearnaí thíos.**

a) (Ceistigh) _____ an traenálaí na buachaillí nuair a thiocfaidh siad déanach don chluiche.

b) (Oibrigh) _____ an buachaill sa siopa nuachtán agus beidh tuirse air ag deireadh an lae.

c) (Foilsigh) _____ na daltaí sa chéad bhliain iris an mhí seo chugainn.

d) (Bailigh) _____ fear an phoist na litreacha ó oifig an phoist ar a sé a chlog.

e) (Imigh mé) _____ isteach sa chathair tar éis scoile inniu.

5 **Líon na bearnaí thíos.**

a) Imeoidh mé: ní _____ an _____?

b) Cuideoidh mé: ní _____ an _____?

c) Oibreoidh mé: ní _____ an _____?

d) Dúiseoidh mé: ní _____ an _____?

e) Ceisteoidh mé: ní _____ an _____?

f) Baileoidh mé: ní _____ an _____?

An Dara Réimniú, Briathra a chríochnaíonn le '-ail' '-is' '-ir' '-il'

Le foghlaim!

taitin	enjoy	**labhair**	speak	**eitil**	fly
bagair	threaten	**codail**	sleep	**ceangail**	tie
imir	play	**freagair**	answer	**oscail**	open

Codail	Imir	Oscail
codl**óidh** mé	imr**eoidh** mé	oscl**óidh** mé
codl**óidh** tú	imr**eoidh** tú	oscl**óidh** tú
codl**óidh** sé/sí	imr**eoidh** sé/sí	oscl**óidh** sé/sí
codl**óimid**	imr**eoimid**	oscl**óimid**
codl**óidh** sibh	imr**eoidh** sibh	oscl**óidh** sibh
codl**óidh** siad	imr**eoidh** siad	oscl**óidh** siad

an fhoirm dhiúltach – riail le foghlaim – ní + séimhiú

ní (chodlóidh) mé   ní (imreoidh) mé   ní (osclóidh) mé

an fhoirm cheisteach – riail le foghlaim – an + urú ach amháin leis na gutaí

an (gcodlóidh) mé?   an (imreoidh) mé?   an (osclóidh) mé?

❶ Líon na bearnaí thíos.

a) _____ Shamrock Rovers cluiche mór an Satharn seo chugainn.

b) _____ an buachaill i dteach a charad an deireadh seachtaine seo chugainn.

c) _____ na héin chuig na tíortha teo an mhí seo chugainn?

d) _____ mé na fuinneoga nuair a éiríonn an aimsir níos teo.

e) _____ na daltaí na ceisteanna go léir sa rang amárach.

an eitleoidh, freagróidh, imreoidh, osclóidh, codlóidh

❷ Líon na bearnaí thíos.

a) (Taitin) _____ an scannán go mór leis na páistí.

b) (Ceangail) _____ an cailín a bróga reatha sula dtosaíonn an cluiche cispheile.

c) (Labhair) _____ mo thuismitheoirí leis na múinteoirí ag an gcruinniú.

d) (Bagair) _____ an múinteoir go dtabharfaidh sí breis obair bhaile do na daltaí má thagann siad isteach gan a gcuid cóipleabhar.

e) (Codail) _____ mé go sámh anocht mar beidh tuirse an domhain orm.

Briathra Neamhrialta

Tá

beidh mé	ní bheidh mé	an mbeidh mé?
beidh tú	ní bheidh tú	an mbeidh tú?
beidh sé/sí	ní bheidh sé/sí	an mbeidh sé/sí?
beimid	ní bheimid	an mbeimid?
beidh sibh	ní bheidh sibh	an mbeidh sibh?
beidh siad	ní bheidh siad	an mbeidh siad?

Tar

tiocfaidh mé	ní thiocfaidh mé	an dtiocfaidh mé?
tiocfaidh tú	ní thiocfaidh tú	an dtiocfaidh tú?
tiocfaidh sé/sí	ní thiocfaidh sé/sí	an dtiocfaidh sé/sí?
tiocfaimid	ní thiocfaimid	an dtiocfaimid?
tiocfaidh sibh	ní thiocfaidh sibh	an dtiocfaidh sibh?
tiocfaidh siad	ní thiocfaidh siad	an dtiocfaidh siad?

Téigh

rachaidh mé	ní rachaidh mé	an rachaidh mé?
rachaidh tú	ní rachaidh tú	an rachaidh tú?
rachaidh sé/sí	ní rachaidh sé/sí	an rachaidh sé/sí?
rachaimid	ní rachaimid	an rachaimid?
rachaidh sibh	ní rachaidh sibh	an rachaidh sibh?
rachaidh siad	ní rachaidh siad	an rachaidh siad?

Beir

béarfaidh mé	ní bhéarfaidh mé	an mbéarfaidh mé?
béarfaidh tú	ní bhéarfaidh tú	an mbéarfaidh tú?
béarfaidh sé/sí	ní bhéarfaidh sé/sí	an mbéarfaidh sé/sí?
béarfaimid	ní bhéarfaimid	an mbéarfaimid?
béarfaidh sibh	ní bhéarfaidh sibh	an mbéarfaidh sibh?
béarfaidh siad	ní bhéarfaidh siad	an mbéarfaidh siad?

Feic

feicfidh mé	ní fheicfidh mé	an bhfeicfidh mé?
feicfidh tú	ní fheicfidh tú	an bhfeicfidh tú?
feicfidh sé/sí	ní fheicfidh sé/sí	an bhfeicfidh sé/sí?
feicfimid	ní fheicfimid	an bhfeicfimid?
feicfidh sibh	ní fheicfidh sibh	an bhfeicfidh sibh?
feicfidh siad	ní fheicfidh siad	an bhfeicfidh siad?

Clois

cloisfidh mé	ní chloisfidh mé	an gcloisfidh mé?
cloisfidh tú	ní chloisfidh tú	an gcloisfidh tú?
cloisfidh sé/sí	ní chloisfidh sé/sí	an gcloisfidh sé/sí?
cloisfimid	ní chloisfimid	an gcloisfimid?
cloisfidh sibh	ní chloisfidh sibh	an gcloisfidh sibh?
cloisfidh siad	ní chloisfidh siad	an gcloisfidh siad?

Abair

déarfaidh mé	ní déarfaidh mé	an ndéarfaidh mé?
déarfaidh tú	ní déarfaidh tú	an ndéarfaidh tú?
déarfaidh sé/sí	ní déarfaidh sé/sí	an ndéarfaidh sé/sí?
déarfaimid	ní dearfaimid	an ndéarfaimid?
déarfaidh sibh	ní déarfaidh sibh	an ndéarfaidh sibh?
déarfaidh siad	ní déarfaidh siad	an ndéarfaidh siad?

Ith

íosfaidh mé	ní íosfaidh mé	an íosfaidh mé?
íosfaidh tú	ní íosfaidh tú	an íosfaidh tú?
íosfaidh sé/sí	ní íosfaidh sé/sí	an íosfaidh sé/sí?
íosfaimid	ní íosfaimid	an íosfaimid?
íosfaidh sibh	ní íosfaidh sibh	an íosfaidh sibh?
íosfaidh siad	ní íosfaidh siad	an íosfaidh siad?

Déan

déanfaidh mé	ní dhéanfaidh mé	an ndéanfaidh mé?
déanfaidh tú	ní dhéanfaidh tú	an ndéanfaidh tú?
déanfaidh sé/sí	ní dhéanfaidh sé/sí	an ndéanfaidh sé/sí?
déanfaimid	ní dhéanfaimid	an ndéanfaimid?
déanfaidh sibh	ní dhéanfaidh sibh	an ndéanfaidh sibh?
déanfaidh siad	ní dhéanfaidh siad	an ndéanfaidh siad?

Faigh

gheobhaidh mé	ní bhfaighidh mé	an bhfaighidh mé?
gheobhaidh tú	ní bhfaighidh tú	an bhfaighidh tú?
gheobhaidh sé/sí	ní bhfaighidh sé/sí	an bhfaighidh sé/sí?
gheobhaimid	ní bhfaighimid	an bhfaighimid?
gheobhaidh sibh	ní bhfaighidh sibh	an bhfaighidh sibh?
gheobhaidh siad	ní bhfaighidh siad	an bhfaighidh siad?

Tabhair		
tabharfaidh mé	ní thabharfaidh mé	an dtabharfaidh mé?
tabharfaidh tú	ní thabharfaidh tú	an dtabharfaidh tú?
tabharfaidh sé/sí	ní thabharfaidh sé/sí	an dtabharfaidh sé/sí?
tabharfaimid	ní thabharfaimid	an dtabharfaimid?
tabharfaidh sibh	ní thabharfaidh sibh	an dtabharfaidh sibh?
tabharfaidh siad	ní thabharfaidh siad	an dtabharfaidh siad?

Cleachtadh ag scríobh

Briathra Neamhrialta

❶ Líon na bearnaí thíos.

a) (Téigh mé) _____ chuig an ollmhargadh ag lorg post páirtaimseartha an Satharn seo chugainn.

b) (Ith sí) _____ sceallóga agus burgar tar éis an chluiche amárach.

c) (Bí) _____ cóisir mhór breithlae agam an bhliain seo chugainn.

d) (Feic) _____ na daltaí an bus ag teacht agus rithfidh siad i dtreo stad an bhus.

e) (Tar mé) _____ abhaile ón Spáinn agus buailfidh mé le mo chairde.

❷ Líon na bearnaí thíos.

a) _____ airgead ó mo thuismitheoirí agus ceannóidh mé bróga reatha nua sa siopa spóirt.

b) _____ an dochtúir oideas don chailín agus gheobhaidh sí piollaí sa siopa poitigéara.

c) _____ ár gcuid obair bhaile sa seomra staidéir tar éis scoile.

d) _____ leis an múinteoir nach mbeidh mo chuid obair bhaile críochnaithe mar beidh mé ag imirt cluiche peile tar éis scoile.

e) _____ ar an liathróid agus rithfidh sí i dtreo an chiseáin.

déanfaimid, béarfaidh sí, gheobhaidh mé, déarfaidh, tabharfaidh

❸ **Líon na bearnaí thíos.**

Ith	Abair	Clois
íosfaidh mé		
	déarfaidh tú	
		cloisfidh sé/sí
íosfaimid		
	déarfaidh sibh	
		cloisfidh siad
ní	ní	ní
an	an	an

❹ **Scríobh abairtí leis na briathra thíos i do chóipleabhar.**

a) Rachaidh mé

b) Beimid

c) Gheobhaidh sí

d) Feicfidh siad

e) Íosfaimid

f) Béarfaidh mé

g) Tiocfaidh sé

h) Déanfaimid

❺ **Líon na bearnaí thíos.**

a) Béarfaidh mé: ní_____ an _____?

b) Tabharfaidh mé: ní_____ an _____?

c) Gheobhaidh mé: ní_____ an _____?

d) Déanfaidh mé: ní_____ an _____?

e) Rachaidh mé: ní_____ an _____?

6 Líon na bearnaí thíos.

a) (Ní tabhair mé) _____ airgead do mo dheirfiúr dá breithlá, ceannóidh mé bronantanas di.

b) (An ith tú) _____ uibheacha ag am bricfeasta amárach?

c) (Ní déanfaidh sé) _____ a chuid obair bhaile anocht.

d) (An téigh tú) _____ chuig an bpictiúrlann in éineacht liom?

e) (Ní feic mé) _____ mo chara an deireadh seachtaine seo chugainn.

7 Freagair na ceisteanna thíos.

a) An rachaidh tú chuig an ollmhargadh chun bia a cheannach an tseachtain seo chugainn?

_____

b) An íosfaidh tú tósta maidin amárach?

_____

c) An dtabharfaidh an múinteoir Gaeilge obair bhaile don rang anocht?

_____

d) An ndéanfaidh tú do chuid obair bhaile os comhair na teilifíse sa seomra suí anocht?

_____

e) An bhfaighidh tú airgead póca ag an deireadh seachtaine ó do thuismitheoirí?

_____

8 An bhfuil na briathra neamhrialta ar eolas agat? Glaoigh amach na briathra os ard sa rang.

9 Cum abairtí i do chóipleabhar leis na briathra neamhrialta.

Súil siar ar an Aimsir Fháistineach

Scríobh na briathra san alt thíos san Aimsir Fháistineach.

❶ (Bí) _____ mo bhreithlá ann an tseachtain seo chugainn. (Éirigh mé) _____ go luath an lá sin. (Buail mé) _____ le fear an phoist agus (faigh mé) _____ cúpla cárta breithlae. (Oscail mé) _____ na cártaí agus (bí) _____ áthas an domhain orm. Ina dhiaidh sin (téigh mé) _____ isteach sa chistin agus (ith mé) _____ mo bhricfeasta.

❷ Tar éis bricfeasta (buail mé) _____ le mo chairde scoile agus (téigh sinn) _____ isteach sa chathair ag siopadóireacht. (Ceannaigh mé) _____ bróga reatha nua agus cúpla t-léine. (Ceannaigh) _____ mo chara leabhar agus iris spóirt. (Bí) _____ lón againn sa chathair agus ansin (siúil sinn) _____ chuig stad an bhus. (Fan sinn) _____ ar an mbus agus (téigh sinn) _____ abhaile. (Sroich sinn) _____ an baile thart ar a sé a chlog agus ansin (féach sinn) _____ ar chluiche rugbaí ar an teilifís.

❸ Ar a seacht a chlog (cuir mé) _____ glao ar mo chara Tomás agus (tabhair mé) _____ cuireadh dó teacht chuig mo theach. (Tar sé) _____ chuig an teach ar a hocht agus (bí) _____ bronntanas ag Tomás dom. (Ith sinn) _____ píotsa agus (féach sinn) _____ ar scannán sa seomra teilifíse. Ar a haon déag (téigh) _____ na buachaillí abhaile. (Bí) _____ tuirse orm agus (codail mé) _____ go sámh an oíche sin.

An Aidiacht Shealbhach

Ainmfhocail a thosaíonn le consain

Le foghlaim!

Uimhir uatha – singular	Uimhir iolra – plural
mo – my	ár – our
do – your	bhur – your
a – his/her	a – their

Riail le foghlaim!

mo + séimhiú	ár + urú
do + séimhiú	bhur + urú
a (his) + séimhiú	a (their) + urú
a (her) –	

Sampla 1

mo chluiche	ár gcluiche
do chluiche	bhur gcluiche
a chluiche	a gcluiche
a cluiche	

Sampla 2

mo ghairdín	ár ngairdín
do ghairdín	bhur ngairdín
a ghairdín	a ngairdín
a gairdín	

❶ **Líon na bearnaí thíos.**

a) D'fhág mo chara (a cóta) _____ ar an mbus scoile agus bhí fearg ar a Mam léi.

b) Chonaic (mo cara) _____ timpiste uafásach ar an bpríomhbhóthar inné.

c) Thosaigh (ár ceolchoirm) _____ ar a hocht a chlog aréir.

d) An raibh (bhur cairde) _____ ag an bpictiúrlann libh?

e) Chaith (mo Mam) _____ agus (mo Daid) _____ an lá sa ghairdín.

f) Bhí (ár príomhoide) _____ an-chrosta nuair a chonaic sé na daltaí ag teacht isteach ar a deich a chlog.

g) Chaill na buachaillí (a cluiche) _____ agus bhí díomá an domhain orthu.

h) Bhí (mo múinteoir) _____ as láthair agus thosaigh an rang ag pleidhcíocht.

❷ Líon na bearnaí thíos.

a) Chonaic Ailbhe _____ ag an dioscó
agus labhair sí léi ar feadh tamaill.

b) Chaill mé _____ Béarla agus
bhí fearg ar an múinteoir liom.

c) Tá mo chara Cian _____ i mBaile na
hAbhann, Co. na Gaillimhe.

d) Bhí mé trí bliana déag d'aois agus thug
_____ raicéad leadóige nua dom.

e) Chuaigh na páistí chuig bialann na scoile
agus d'ith siad _____ .

f) Bhí na páistí _____ nuair a tháinig
Daidí na Nollag.

g) Bhí _____ róbheag agus
cheannaigh a Mham bróga reatha nua dó.

mo thuismitheoirí, a bhróga reatha, a cara,
ina chónaí, a ndinnéar, ina gcodladh, mo chóipleabhar

❸ Ceart nó mícheart? ✔ nó ✘

a) Tá **mo cara** ina cónaí i gContae Loch Garman agus tugann sé cuairt orm go minic.

b) Níor ith mé **mo bhricfeasta** ar maidin mar bhí mé déanach don scoil.

c) Bhí **a gclub óige** dúnta an Aoine seo caite agus bhí an-díomá orthu.

d) Bhí **a mála scoile** ar a dhroim agus é ag fanacht ar an mbus scoile.

e) Tá **mo dheartháir** agus mo dheirfiúr ag obair san ollmhargadh.

f) Chuir sí **a pictiúr** ar an mballa sa seomra ealaíne inné.

g) Rinneamar **ár gcuid obair** bhaile sa leabharlann ar scoil inniu.

❹ Líon na bearnaí thíos.

a) D'fhág sé (a geansaí) _____ ar an bpáirc peile inné.

b) Bhí an oíche fliuch stoirmiúil agus d'fhan mé i (mo teach) _____ .

c) Fuaireamar (ár bus) _____ sa chathair agus chuamar abhaile.

d) D'fhág siad (a leabhar) _____ sa bhaile agus ní raibh an príomhoide
róshásta leo.

e) Gortaíodh go dona é mar bhí (a carr) _____ i dtimpiste.

f) Chuir siad (a bróga) _____ orthu agus rith siad amach ar an bpáirc imeartha.

g) Bhí (a ceann) _____ ag cur fola agus chuir a Mam glao ar an otharcharr.

Ainmfhocail a thosaíonn le gutaí

Le foghlaim!

Uimhir uatha – singular	Uimhir iolra – plural
m' –	ár + urú
d' –	bhur + urú
a (his) –	a + urú
a (her) + h	

Sampla 1

m'úll (my apple)	ár n-úll (our apple)
d'úll (your apple	bhur n-úll (your apple)
a úll (his apple)	a n-úll (their apple)
a húll (her apple)	

Sampla 2

m'aintín (my aunt)	ár n-aintín (our aunt)
d'aintín (your aunt)	bhur n-aintín (your aunt)
a aintín (his aunt)	a n-aintín (their aunt)
a haintín (her aunt)	

Abairtí samplacha

1 Thug mé úll do mo chara ar scoil.
2 D'ith sí a húll ag am lóin.
3 Tháinig a haintín a cuairt inné.
4 Conaíonn m'aintín i Meiriceá.
5 Cheannaigh ár n-aintín carr nua.

Téigh go dtí edco.ie/iontas1 chun idirghníomhaíochtaí a dhéanamh.

Cleachtadh ag scríobh

❶ Líon na bearnaí thíos.

a) D'ith mé (mo úll) _____ ag am lóin inniu.

b) Tháinig (a aintín) _____ ar cuairt agus bhí áthas an domhain uirthi.

c) Chaill sé (a uaireadóir) _____ agus bhí sé déanach don bhus scoile.

d) Cheannaigh (ár aintín) _____ ríomhaire nua dúinn don Nollaig.

e) Thug (mo uncail) _____ dhá thicéad do cheolchoirm JLS dom.

f) Ar nigh tú (do aghaidh) _____ ar maidin?

g) Chailleamar (ár airgead) _____ sa Spáinn agus bhí orainn filleadh abhaile.

❷ Líon na bearnaí thíos.

uncail		athair	
m'uncail my uncle		**m'athair** my father	
_____ your uncle		_____ your father	
_____ his uncle		_____ his father	
a huncail her uncle		_____ her father	
_____ our uncle		**ár n-athair** our father	
_____ your uncle		_____ your father	
a n-uncail their uncle		_____ their father	

❸ Líon na bearnaí thíos.

a) Chuir an buachaill (a úll) _____ ar an mbord sa chistin agus ghoid a dheirfiúr é.

b) Tá (mo aintín) _____ agus (mo uncail) _____ ina gcónaí i bPáras anois.

c) D'fhéach sí ar (a uaireadoir) _____ nuair a d'fhág an múinteoir an rang.

d) Léigh (a athair) _____ litir ón bpríomhoide agus ghlaoigh sé ar a hiníon.

e) Bhí (mo athair) _____ tinn inné agus d'fhan sé sa leaba.

f) Nigh sí (a aghaidh) _____ ar maidin.

Ainmfhocail a thosaíonn le gutaí

1 Líon na bearnaí thíos.

a) Chuir an príomhoide glao ar _____ mar bhí mé ag úsáid m'fhón póca sa rang mata.

b) Bhí _____ an-deacair agus thug a chara cabhair dó í a chríochnú.

c) An bhfaca mé _____ ag ceolchoirm Rihanna le d'uncail?

d) Tá _____ suite i lár na cathrach.

e) D'ullmhaigh mo Dhaid bricfeasta dúinn ar maidin agus d'ith mo dheartháir _____.

f) Ar fhág tú _____ ag an linn snámha?

g) D'imir _____ i gcluiche peile agus bhí díomá air nuair a chaill sé an cluiche.

m'athair, m'ispíní, d'aintín, a n-uncail, a obair bhaile, d'uaireadóir, ár n-árasán

Ceart nó mícheart? ✔ nó ✗

2 a) Chumamar amhrán don cheolchoirm agus chanamar **ár amhrán** ag an gceolchoirm.

b) Tháinig **m'athair** chuig an gcluiche leadóige agus bhí áthas orm é a fheiceáil.

c) Tá **mo chara Éibhlín** ina cónaí in árasán agus tá **a hárasán** go hálainn.

d) Bhí **ár n-urlár** sa chistin fliuch agus shleamhnaigh **mo chara** ar an urlár.

e) Chuaigh **a n-amharclann** trí thine agus bhí brón ar na haisteoirí go léir.

f) Cuireann sé **a húll ina mhála** scoile gach maidin.

g) An bhfaca **d'athair** an cluiche rugbaí an Satharn seo chugainn?

Líon na bearnaí thíos.

3 a) Ní maith leis (a éide scoile) _____ agus bíonn sé i dtrioblóid leis an bpríomhoide go minic.

b) D'fhág sé (a oifig) _____ déanach agus thóg sé an bus abhaile.

c) Chaith sí a lán ama ag féachaint ar an teilifís (ina óige) _____.

d) Léigh an príomhoide (mo aiste) _____ don rang inné.

e) Is breá linn (ár áit chónaithe) _____ mar tá na háiseanna sármhaith do dhaoine óga inti.

f) An maith leat (do eastát) _____ tithíochta, a Sheáin?

g) Chaill mé (mo eochair) _____ agus bhí orm dul chuig teach mo Mhamó.

An Séimhiú

Le foghlaim!

❶ Réamhfhocail

Bíonn séimhiú de ghnáth i ndiaidh na réamhfhocal thíos.

ar	de	de + an = den	faoi
ó	do	do + an = don	roimh
sa	trí	thar	

- Ní bhíonn séimiú i ndiaidh **sa** ar fhocal a thosaíonn le **d**, **s**, nó **t** (sa siopa, sa teach).
- Ní chuirtear séimhiú ar na nathanna thíos:

  ar bord, ar meisce, ar buile, ar crith, ar deireadh, ar díol, ar fáil, ar ball, ar maidin.

Sampla

1. *Bhí áthas **ar Mháire** nuair a fuair sí marc maith sa scrúdú.*
2. *D'fhiafraigh mé **de Sheán** an raibh sé ag dul chuig an dioscó.*
3. *Nuair a thuirling mé **den bhus** bhí mo thuismitheoirí ag feitheamh liom.*
4. *Thug an múinteoir an cóipleabhar **do Chormac** inné.*
5. *Ag deireadh an lae thug an príomhoide an duais **don chailín**.*
6. *Chonaic mé spúnóg **faoi bhord** na cistine ar maidin.*
7. *Fuair mé cárta poist **ó Phól** an tseachtain seo caite.*
8. *Chuir mo thuismitheoirí fáilte mhór **roimh Phádraig**.*
9. *D'fhág mo chara a mhála scoile **sa chistin** ar maidin.*
10. *Bhris mé an fhuinneog **trí thimpiste** agus ní raibh fearg ar mo thuismitheoirí.*
11. *Léim an capall **thar** gheata na feirme inné.*

❷ Aidiachtaí Sealbhacha

Bíonn séimhiú de ghnáth i ndiaidh na n-aidiachtaí sealbhacha thíos.

mo	do	a (his)

Téigh chuig leathanach 266 chun níos mó oibre a dhéanamh ar an aidiacht shealbhach.

Sampla

1. *Chonaic mé mo chara ag an bpictiúrlann inné.*
2. *An raibh do chara ag dioscó aréir?*
3. *Bhí a chara ag ceolchoirm Justin Bieber aréir.*

❸ Uimhreacha (1–6)

Bíonn séimhiú de ghnáth i ndiaidh na bhfocal thíos.

aon	dhá	trí
ceithre	cúig	sé

- Ní bhíonn séimiú i ndiaidh aon ar fhocal a thosaíonn le d, s, nó t (aon dalta, aon siopa, aon turas).

Sampla

1. Tá **aon** charr amháin ag mo theaghlach.
2. Tá **dhá** charr ag teaghlach mo charad.
3. Tá **trí** chluiche peile ag mo dheartháir an tseachtain seo chugainn.
4. Tá **ceithre** bhus taobh amuigh den scoil.
5. Tá **cúig** chóipleabhar ag mo dheirfiúr ina mála scoile.
6. Tá **sé** bhád sa chuan.

❹ Má + séimhiú

Sampla

1. **Má** thagann mo chara chuig an teach féachfaimid ar scannán le chéile.
2. **Má** bhíonn an scoil dúnta amárach rachaidh mé chuig an gclub peile.

❺ Nuair a + séimhiú

Sampla

1. **Nuair a** thagann an príomhoide isteach stopann na daltaí ag caint.
2. **Nuair a** chríochnaím mo chuid obair bhaile féachaim ar an teilifís.

❻ Ró + séimhiú

Téigh go dtí edco.ie/iontas1 chun idirghníomhaíochtaí a dhéanamh.

Sampla

1. Bhí na bróga nua **ró**mhór dó agus bhí air iad a thabhairt ar ais go dtí an siopa.
2. Bhí an seomra ranga **ró**bheag agus ní raibh deasc agus cathaoir ag gach dalta.

❼ An- + séimhiú

• Ní bhíonn séimhiú i ndiaidh an- ar fhocal a thosaíonn le d, s, t, (an-deas, an-saibhir, an-tapa).

Sampla

1.	Bhí béile agam aréir agus bhí sé **an-bhlasta**.
2.	Tá teach mo charad **an-mhór**.

Cleachtadh ag scríobh

❶ Líon na bearnaí thíos.

a) Chuir mé an bainne agus an t-im _____ chuisneoir inniu.

b) Chuir _____ chara glao orm aréir agus chuamar chuig an bpictiúrlann le chéile.

c) Chuir mo dheartháir ___ bhróga peile ina mhála tar éis an chluiche.

d) Léim mé _____ bhus agus rith mé isteach doras na scoile.

e) Chuaigh an séipéal ___ thine aréir.

f) Bhí an cluiche rugbaí ___mhaith agus bhí áthas ar na buachaillí gur bhuaigh siad.

g) Bíonn eagla an domhain ar na daltaí _____ thagann an príomhoide isteach.

sa, an-, a, trí, mo, nuair a, den

❷ Scríobh na habairtí thíos i do chóipleabhar agus ceartaigh na botúin atá iontu.

a) Tá dhá gluaisrothar ag mo dheartháir.

b) Nuair a téim chuig an bpictiúrlann ceannaím grán rósta.

c) Bhí mo chara róbeag agus ní bhfuair sé áit ar an bhfoireann cispheile.

d) Fuair mé geansaí nua ó Máire do mo bhreithlá.

e) Chuir sé a cóipleabhar ina mhála scoile ag deireadh an lae.

f) Bhí mo Mham an-crosta nuair a d'fhill mé déanach ón gcóisir.

g) Tá trí geansaí peile ag mo chara.

❸ Líon na bearnaí thíos.

a) Nuair a (téim) _____ isteach sa chathair buailim le mo chairde ag stad an bhus.

b) Thug mé cabhair do (Siobhán) _____ lena haiste Ghaeilge.

c) Tá cúig (cat) _____ agus dhá (madra) _____ ag m'aintín.

d) Bhí an múinteoir an-(feargach) _____ nuair a chonaic sí na daltaí ag pleidhcíocht.

e) Léim an bhó thar (geata) _____ na páirce agus rith an feirmeoir ina diaidh.

f) Bhí mé ag caint le Séamus faoi (gramadach) _____ na Gaeilge sa rang inné.

g) Nuair a chuaigh a theach trí (tine) _____ bhí sé sa (bialann) _____ áitiúil.

An tUrú

Le foghlaim!

Leanann urú na focail seo, má chuirtear roimh chonsan iad.

ár	our	**ag an**	at the	**ón**	from the
bhur	you (plural)	**ar an**	on the	**chuig an**	to the
a	their	**as an**	from the	**thar an**	over the
i	in	**faoin**	under the	**leis an**	with the
dá	if	**roimh an**	before the	**as an**	from the
seacht	seven	**ocht**	eight	**naoi**	nine
deich	ten	**lena**	with their	**nach**	

Léigh na habairtí samplacha amach os ard sa rang. Éist leis an urú san abairt. Cum abairtí samplacha leis na focail sa bhosca.

Sampla

1. Léim an madra **thar an** ngeata agus rith sé amach **ar an** mbóthar.
2. Tháinig **ár** bpríomhoide isteach agus d'fhéach sí **faoin** gcófra.
3. Tá **deich** gcathaoir i seomra na múinteoirí agus **naoi** gcathaoir in oifig an phríomhoide.
4. **Dá** mbuafainn duais **i** gcrannchur na scoile bheadh áthas an domhain orm.
5. **Nach** bhfágann an múinteoir **bhur** gcóipleabhair ar an tseilf?
6. Shuigh mé **ar an** gcathaoir **ag an** bpictiúrlann.
7. Rith sé **as an** bpáirc agus léim sé **thar an** ngeata nuair a chonaic sé an tarbh.
8. Bhí a gcarr **i** dtimpiste **ar an** bpríomhbhóthar.
9. Fuair mo chara beart mór dá breithlá agus thóg sí ríomhaire nua **as an** mbeart.
10. Sheas siad **ag an** mballa agus bhuail siad **lena** gcairde.

Cén t-urú ar chóir a úsáid?
Déan staidéar ar an liosta thíos!

Sampla

Urú		Ainmfhocal
g	_____	c
m	_____	b
bh	_____	f
d	_____	t
b	_____	p
n	_____	g

ag an m**b**ord
faoin **bh**fuinneog
ag an **gc**óisir
leis an **b**páiste
seacht **dt**roithe
chuig an **ng**airdín

❶ Líon na bearnaí thíos.
a) Chuaigh an buachaill óg chuig an (páirc) _____ tar éis scoile.
b) Bhí mé ag imirt leis an (foireann) _____ peile i (Páirc) _____ an Chrócaigh inné.
c) Chonaic mé naoi (carr) _____ i (carrchlós) _____ na scoile ar maidin.
d) Ar tháinig bhur (cairde) _____ ón (club óige) _____ ar cuairt aréir?
e) Dá (buafainn) _____ an Lotto rachainn ar saoire.
f) Thug ár (tuismitheoirí) _____ a lán bronntanas dúinn don Nollaig.

❷ Ceart nó mícheart? ✔ nó ✗
a) Bhí mé ag an mbanc nuair a chonaic mé gadaí leis an mbosca airgid.
b) Léim mé ar an carr nuair a chonaic mé an t-uisce sa stoirm.
c) Tá seacht pictiúr againn sa seomra suí.
d) D'fhéachamar ar an gclár teilifíse agus d'itheamar píotsa.
e) Stop mo Dhaid ag an garáiste agus cheannaigh sé peitril.
f) Tá mo chara, Seán, ina cónaí i mBaile Átha Cliath.

❸ Ceartaigh na habairtí thíos.
a) Labhair mé leis an páiste ach níor éist sé liom.
b) D'fhéach mé ar an crann agus chonaic mé na duilleoga.
c) Thóg mé uibheacha ón cófra agus bhruith mé iad don bhricfeasta.
d) Shroich mé an scoil roimh an príomhoide inné.
e) Tá seacht pictiúr ar an balla i mo sheomra leapa.
f) Chuaigh mé chuig an Frainc le mo chara sa samhradh.

❹ Líon na bearnaí thíos.
a) Tá naoi (fuinneog) _____ i dteach mo charad.
b) I (teach) _____ m'aintín tá ocht (cat) _____.
c) D'fhéach an buachaill faoin (crann) _____ agus chonaic sé seacht (coinín) _____.
d) Léim an bhó thar an (geata) _____ agus rith an feirmeoir ina diaidh.
e) Thóg an bhean na leabhair as an (bosca) _____ agus chuir sí ar na seilfeanna iad.
f) Léim na buachaillí ón (balla) _____ agus ghortaigh siad a (cosa) _____.

Téigh go dtí edco.ie/iontas1 chun idirghníomhaíochtaí a dhéanamh.

275

Aidiachtaí agus Céimeanna Comparáide na nAidiachtaí

Tugann aidiacht (adjective) níos mó eolais dúinn faoi ainmfhocal (noun).
Is aidiachtaí iad na focail seo. An bhfuil aidiachtaí eile ar eolas agat? Déan liosta i do chóipleabhar.

Le foghlaim!

deas	cairdiúil	flaithiúil	beoga	grámhar	fliuch
bán	foighneach	glic	fuar	fada	sean
saibhir	suimiúil	tuisceanach	te	cáiliúil	ard
bocht	garbh	óg	olc	ciúin	tanaí

Téigh siar ar na haidiachtaí ar leathanach 16.

Obair ealaíne

❶ Tarraing siombail do na haidiachtaí thuas i do chóipleabhar.

❷ Tarraing siombail do na haidiachtaí ar chártaí agus imir cluiche sa rang. Taispeáin na cártaí do na grúpaí agus tabhair pointe dóibh má aimsíonn siad an aidiacht cheart.

Tá trí chéim chomparáide ag aidiachtaí:

An bhunchéim	An bhreischéim	An tsárchéim
óg	níos óige	is óige
saibhir	níos saibhre	is saibhre
cáiliúil	níos cáiliúla	is cáiliúla
maith	níos fearr	is fearr

 Samplaí

1. Tá Éamonn óg agus tá Tomás níos óige ach is é Cormac an buachaill is óige sa rang.
2. Tá Áine saibhir agus tá Éilís níos saibhre ach is í Máiréad an cailín is saibhre sa bhaile.
3. Tá Katy Perry cáiliúil agus tá Rihanna níos cáiliúla ach is í Beyonce an réalta is cáiliúla ar domhan.
4. Tá Seán go maith ach tá Úna níos fearr ach is é Jeaic an buachaill is fearr sa rang.

Cum cúpla sampla cosúil leis na cinn thuas agus léigh amach don rang iad.

Céimeanna Comparáide na nAidiachtaí

Le foghlaim!
Leanann urú na focail seo, má chuirtear roimh chonsan iad.

An bhunchéim		An bhreischéim	An tsárchéim
láidir	(strong)	níos láidreis	láidre
saibhir	(wealthy)	níos saibhre	is saibhre
bocht	(poor)	níos boichte	is boichte
deas	(nice)	níos deise	is deise
ciúin	(quiet)	níos ciúine	is ciúine
sean	(old)	níos sine	is sine
óg	(young)	níos óige	is óige
minic	(often)	níos minice	is minice

❶ **Cum abairtí sa rang leis na haidiachtaí thuas.**

❷ **Líon na bearnaí thíos.**
a) Tá mo dheartháir níos (sean) _____ ná mé.
b) Tá mé níos (ciúin) _____ sa rang mata anois mar bhí mé i dtrioblóid leis an múinteoir inné.
c) Bíonn traenáil peile againn níos (minic) _____ mar go bhfuair ár bhfoireann áit sa chluiche ceannais.
d) Is é Marc an buachaill is (láidir) _____ ar an bhfoireann peile i mbliana.
e) Is é Niall an buachaill is (óg) _____ sa chlub.
f) Is múinteoir deas í Iníon Nic Cárthaigh ach is í an múinteoir is (deas) _____ sa scoil ná Bean Uí Loinsigh.
g) Is é mo chara Conall an buachaill is (saibhre) _____ sa scoil.
h) Is í aintín Máire an aintín is (sean) _____ atá agam.

❸ **Glaoigh amach na haidiachtaí thíos sa rang agus iarr ar na daltaí a leabhair a dhúnadh agus an bhreischéim agus an tsárchéim a ghlao amach.**

a)	láidir	níos _____	is _____	
b)	saibhir	níos _____	is _____	
c)	sean	níos _____	is _____	
d)	deas	níos _____	is _____	
e)	óg	níos _____	is _____	
f)	ciúin	níos _____	is _____	

www Téigh go dtí edco.ie/iontas1 chun idirghníomhaíochtaí a dhéanamh.

Aidiachtaí Breise

Le foghlaim!

Anois foghlaim na haidiachtaí thíos.

An bhunchéim		An bhreischéim	An tsárchéim
leadránach	(boring)	níos leadránaí	is leadránaí
brónach	(sad)	níos brónaí	is brónaí
cáiliúil	(famous)	níos cáiliúla	is cáiliúla
leisciúil	(lazy)	níos leisciúla	is leisciúla
misniúil	(brave)	níos misniúla	is misniúla
fada	(long)	níos faide	is faide
álainn	(beautiful)	níos áille	is áille
gearr	(short)	níos giorra	is giorra
cliste	(clever)	níos cliste	is cliste
fuar	(cold)	níos fuaire	is fuaire
geal	(bright)	níos gile	is gile

❶ **Cum abairtí sa rang leis na haidiachtaí thuas.**

❷ **Líon na bearnaí thíos.**

a) Tá an ghrian níos (geal) _____ ar maidin sa samhradh.

b) Éiríonn sé níos (fuar) _____ in Éirinn sa gheimhreadh ná sa Spáinn.

c) Tá mo chara Seán níos (leisciúil) _____ ná mé.

d) Tá JLS níos (cáiliúil) _____ ná One Direction.

e) Tá an nuacht níos (leadránach) _____ ná *Glee*.

f) Is é Port Láirge an contae is (álainn) _____ in Éirinn, dar le mo Mham.

g) Is mise an cailín is (cliste) _____ sa rang!

h) Tá gruaig Liam níos (fada) _____ ná gruaig Sheáin.

i) Tá teach mo charad níos (fuar) _____ ná mo theachsa sa gheimhreadh.

❸ **Glaoigh amach na haidiachtaí thíos sa rang agus iarr ar na daltaí a leabhair a dhúnadh agus an bhreischéim agus an tsárchéim a ghlao amach.**

a) fada   níos _____   is _____

b) gearr   níos _____   is _____

c) misniúil   níos _____   is _____

d) álainn   níos _____   is _____

e) gearr   níos _____   is _____

f) cliste   níos _____   is _____

g) brónach   níos _____   is _____

h) cáiliúil   níos _____   is _____

i) fuar   níos _____   is _____

j) geal   níos _____   is _____

Aidiachtaí Neamhrialta

Le foghlaim!

An bhunchéim		An bhreischéim	An tsárchéim
olc	(ad)	níos measa	is measa
maith	(good)	níos fearr	is fearr
beag	(small)	níos lú	is lú
mór	(big)	níos mó	is mó
te	(hot)	níos teo	is teo
tapa	(fast)	níos tapúla	is tapúla

❶ **Cum abairtí sa rang leis na haidiachtaí thuas.**

❷ **Líon na bearnaí thíos.**
a) Is í an Afraic an mhór-roinn is (te) _____ ar domhan.
b) Is é Seoirse an buachaill is (tapa) _____ sa chlub lúthchleasaíochta.
c) Tá teach Áine níos (mór) _____ ná aon teach eile sa sráidbhaile.
d) Is fuath liom cócaireacht ach tá mo dheartháir Pól níos (olc) _____ sa chistin ná mé.
e) Is í Clíodhna an cailín is (beag) _____ sa rang.
f) Bíonn dinnéir mo Dhaid níos (maith) _____ ná dinnéir mo Mham.
g) Tá carr mo Mham níos (tapa)_____ ná carr mo Dhaid.

❸ **Glaoigh amach na haidiachtaí thíos sa rang agus iarr ar na daltaí a leabhair a dhúnadh agus an bhreischéim agus an tsárchéim a ghlao amach.**
a) olc   níos _____   is _____
b) maith   níos _____   is _____
c) beag   níos _____   is _____
d) mór   níos _____   is _____
e) te   níos _____   is _____
f) tapa   níos _____   is _____

Tráth na gCeist sa rang
Ag obair i ngrúpaí freagair na ceisteanna thíos sa rang.
❶ Ainmnigh an contae is mó in Éirinn.
❷ Ainmnigh an sliabh is airde ar domhan.
❸ Ainmnigh an abhainn is faide in Éirinn.
❹ Ainmnigh an chathair is mó in Éirinn.
❺ Ainmnigh an contae is lú in Éirinn.
❻ Ainmnigh an sliabh is airde in Éirinn.
❼ Ainmnigh an abhainn is faide ar domhan.
❽ Ainmnigh an chathair is mó ar domhan.

Réamhfhocail agus Forainmneacha Réamhfhoclacha

Le foghlaim!

Ag	Le
agam	liom
agat	leat
aige	leis
aici	léi
againn	linn
agaibh	libh
acu	leo

Samplaí

Léigh na habairtí samplacha thíos agus cum abairtí breise sa rang.

Agam	Le
1. Tá súile glasa **agam**.	1. Is fuath **liom** obair bhaile.
2. Tá bróga reatha nua **aici**.	2. Bhí mo chara in éineacht **liom** sa chathair inné.
3. Bhí cóisir **acu** sa chlub óige aréir.	3. An raibh do thuismitheoirí **leat** sa Spáinn anuraidh?
4. Bhí airgead **aige** agus cheannaigh sé dhá thicéad do cheolchoirm Katy Perry.	4. Is aoibhinn liom Gaeilge ach is fuath **liom** Fraincis.
5. An bhfuil múinteoir Gaeilge nua **agaibh**?	5. An maith **leat** iománaíocht?

Athraigh na habairtí thuas. **Mar shampla:** Tá súile glasa **aige** <u>nó</u> Tá súile glasa **aici**.

Cleachtadh ag scríobh

❶ An maith _____ píotsa, a Sheáin?'

❷ 'Ní maith _____ seacláid, agus is fuath liom úlla, a Áine'.

❸ Tá a lán airgid _____ agus téann sí ag siopadóireacht go minic.

❹ Tá aithne _____ ar gach duine ar an mbóthar agus bíonn sé ag imirt peile tar éis scoile gach lá.

❺ 'An raibh tú ____ an gcóisir i dteach Leo?'

❻ Is aoibhinn linn eolaíocht agus ba mhaith _____ freastal ar an ollscoil i gceann cúpla bliain.

❼ Bhí mé ag caint ____ mo chara ag an dioscó.

aige, ag, leat, le, liom, aici, linn

Cleachtadh ag scríobh

Pléigh na ceisteanna thíos sa rang.

❶ Freagair na ceisteanna thíos i do chóipleabhar.

a) An maith leat spórt?

b) An maith le do chara spórt?

c) An maith le do Mham nó do Dhaid siopadóireacht a dhéanamh san ollmhargadh?

d) An maith leat obair bhaile?

e) An maith leat Béarla?

f) An maith leat do scoil nua?

g) An maith le do chara Gaeilge?

❷ Freagair na ceisteanna thíos.

a) An bhfuil madra agat sa bhaile?

b) An bhfuil cat ag do chara sa bhaile?

c) An bhfuil cairde nua agat ar scoil i mbliana?

d) An bhfuil carr ag do thuismitheoirí?

e) An bhfuil rothar agat?

f) An bhfuil teilifís ag do chara ina s(h)eomra leapa?

g) An bhfuil aithne agat ar aon laoch spóirt?

❸ Líon na bearnaí thíos.

a) Ní raibh mo chara Niamh ag éisteacht (le mé) _____ agus bhí fearg an domhain orm.

b) Níl suim (ag sé) _____ sa stair agus ní dhéanann sé a chuid obair bhaile.

c) Is aoibhinn (le sinn) _____ peil agus bíonn traenáil (ag sinn) _____ gach Máirt.

d) Tá suim (ag mé) _____ i gceol agus téim chuig ceolchoirmeacha go minic.

e) Tháinig mo chara in éineacht (le mé) _____ chuig an nGaeltacht.

f) Bhí airgead (ag siad) _____ agus chuaigh siad ag siopadóireacht.

g) Ba mhaith (le é) _____ páirt a ghlacadh sna Cluichí Oilimpeacha agus bíonn sé ag traenáil gach lá.

 Téigh go dtí edco.ie/iontas1 chun idirghníomhaíochtaí a dhéanamh.

Le foghlaim!

Ar	Do
orm	dom
ort	duit
air	dó
uirthi	di
orainn	dúinn
oraibh	daoibh
orthu	dóibh

Abairtí samplacha

Léigh na habairtí samplacha thíos agus cum abairtí breise sa rang.

1. Bhí an-bhrón **orm** nuair a fuair mo chat bás.
2. 'An raibh díomá **ort** nuair a theip ort sa scrúdú, a Shiobhán?'
3. Bhí áthas **orthu** nuair a bhuaigh siad an cluiche.
4. Bhí eagla **orainn** nuair a tháinig an príomhoide isteach.
5. Bhí ocras **uirthi** agus cheannaigh sí barra seacláide.

1. Máire is ainm **dom**.
2. Thug an múinteoir obair bhaile breise **dó** nuair a tháinig sé isteach déanach don rang.
3. Thug a tuismitheoirí fón póca nua **di dá** breithlá.
4. Ba cheart **duit** dul chuig an bhFrainc an samhradh seo chugainn.
5. Thug an traenálaí comhairle **dúinn a** bheith i láthair sa chlub gach Máirt.

Athraigh na habairtí thuas. **Mar shampla:** Bhí an-bhrón **air** nuair a fuair a mhadra bás.

Cleachtadh ag scríobh

1 Bhí ionadh _____ nuair a tháinig a haintín abhaile ó Mheiriceá.

2 Bhí áthas _____ nuair a thug an príomhoide leathlá dúinn.

3 Rinne sí mo chuid obair bhaile _____ mar bhí mé ag obair sa siopa nuachtán.

4 Thug bean an tí go leor le hithe _____ agus bhí áthas an domhain orainn.

5 Bhí an-áthas _____ nuair a bhuaigh sé carr nua sa chrannchur.

uirthi, dom, air, orainn, dúinn

Cleachtadh ag scríobh **Pléigh na ceisteanna thíos sa rang.**

❶ Freagair na ceisteanna thíos i do chóipleabhar.

a) Ar thug do chara bronntanas duit ar do bhreithlá?

b) Ar thug an príomhoide leathlá daoibh riamh?

c) An bhfuil gruaig dhubh ort?

d) An dtugann do mhúinteoir Béarla obair bhaile duit gach oíche?

e) An raibh brón ort nuair a d'fhág tú an bhunscoil?

f) An raibh áthas oraibh ar an gcéad lá sa mheánscoil?

g) Ar thug an múinteoir Gaeilge milseáin daoibh i mbliana?

h) Ar chuir tú bróga reatha ort ar maidin?

❷ Líon na bearnaí thíos.

a) Bhí fearg _____ nuair a chaill mé an cluiche.

b) 'Dia _____, a Eiric.'

c) Léim mé _____ an mbus scoile ar maidin.

d) Bhí díomá _____ nuair a theip uirthi ticéad a fháil don dioscó.

e) Thug a deartháir dlúthdhiosca Rihanna _____ dá breithlá.

f) 'An raibh áthas _____ nuair a chonaic tú an sneachta, a Áine?'

g) Bhí brón _____ nuair a chonaiceamar an teach trí thine.

h) Thug Pádraig cárta breithlae _____ Niamh dá breithlá.

orainn, ar, orm, di, uirthi, duit, ort, do, uirthi

❸ Líon na bearnaí thíos.

a) Bhí brón (ar mé) _____ nuair a fuair m'uncail bás.

b) Tá gruaig fhada rua (ar í) _____.

c) 'Ar thug do mham fón póca (do tú) _____ don Nollaig, a Sheáin?'

d) Thug fear an phoist beart (do é) _____ maidin inné.

e) Tá gruaig dhubh (ar í) _____.

Le foghlaim!

Ó	Faoi
uaim	fúm
uait	fút
uaidh	faoi
uaithi	fúithi
uainn	fúinn
uaibh	fúibh
uathu	fúthu

Abairtí samplacha

Léigh na habairtí samplacha thíos agus cum abairtí breise sa rang.

1. Bhí an múinteoir ag caint leis an bpríomhoide **fúm** inné.
2. Bhuail mé le m'aintín ar mo bhreithlá agus fuair mé bronntanas **uaithi**.
3. Bhí an múinteoir ag labhairt **faoi** stair na hÉireann sa rang inné.
4. Bhí na cailiní ag magadh **fúithi** tar éis an chluiche cispheile.
5. Chonaic mé fear sa linn snámha inné agus bhí cabhair ag teastáil **uaidh**.

Cleachtadh ag scríobh

❶ Líon na bearnaí thíos.

a) Bhí mo chairde ag magadh _____ ar an mbus scoile ar maidin.

b) Chonaic mé timpiste ar an mbóthar agus bhí cabhair ag teastáil _____ phaisnéirí an chairr.

c) Bhí mo chuid obair bhaile ródheacair agus bhí cabhair ag teastáil _____.

d) 'An raibh an traenalaí peile ag magadh _____ sa rang, a Liam?'

e) 'An bhfuil aon rud _____ sa siopa, a Laoise?'

f) Bhí cupán tae _____ nuair a bhí a obair bhaile á dhéanamh aige agus ghlaoigh sé ar a Mham.

g) Bhí na múinteoirí ag caint _____ agus thug siad obair bhreise dúinn.

fúm, uaim, fút, uait, fúinn, uaidh, ó